Gertrud Hosenfeld-Krummacher
Damals in Worpswede . . .
Jugenderinnerungen

GALERIE
VERLAG
FISCHERHUDE

Worpsweder Taschenbücher

Titelabbildung:
Der »Pagelunenhoff«, Behrens Hof
in der Bauernreihe, nach einem Aquarell
von Elsa Thiemann, um 1907

2. verbesserte Auflage 1988

In der Bredenau 1A
2802 Fischerhude
Lektorat und Herstellung:
Hans-Günther Pawelcik
Wir danken Roselie Bontjes van Beek
für die Unterstützung beim Lektorat
Druck: Atelier-Druck, Achim
ISBN 3-88 132 238-8

Wohnungssuche im alten Worpswede

Damals 1899, als meine Eltern Anna und Karl Krummacher nach Worpswede zogen, war es nicht einfach, eine Wohnung zu finden. Der Vater schrieb an Heinrich Vogeler, der ihm dann auch ein Haus vermittelte, das an der Ecke stand, wo die Straße nach Ostendorf abbiegt. Unten waren einige Wohnräume, und im ersten Stock richtete unser Vater sich sein Atelier ein. Das Schlaf- und auch das Wohnzimmer hatten ein Fenster zur Straße. Vogeler hatte das Wohnzimmer kornblumenblau streichen lassen. Es schien seine Lieblingsfarbe zu sein, denn in seinen »Erinnerungen« spricht er auch vom »blauen Zimmer« in seinem Haus. Mein Vater liebte mehr gedämpfte Farben und war beim Einzug nicht sehr entzückt, fand sich aber damit ab. In diesem Zimmer wurde ich am 12. Mai 1900 geboren.

Zum ersten Stock führte eine Treppe mit »durchsichtigen« Stufen, also ohne Hinterwand. Hier oben arbeitete der Vater. Sein Atelier war wohl das geräumigste Zimmer. Wenn Besuch kam, mußte also das Atelier herhalten. Bei einer Einladung der Malerkollegen bat meine Mutter das Dienstmädchen, einige Stühle hinaufzutragen. Während sie selbst in der Küche beschäftigt war, hörte sie lautes Weinen. Auf dem Flur fand sie das Mädchen aus dem Moor schluchzend: »Eck kann doch nich do rup«.In den einfachen Häusern im Moor gab es zu der Zeit nur Leitern, die auf den Boden führten, wo das Getreide gelagert wurde. Auch mir waren als Kind die durchsichtigen Treppen unheimlich. Wie erst dem Dienstmädchen!

Schon nach einem Jahr zogen wir in die Bauernreihe zum jungverheirateten Bauern Monsees. Der hatte in seinem geräumigen Haus den ersten Stock ausgebaut, und bei ihm führte auch eine bequeme Treppe nach oben. Ich war ja noch klein und habe nicht viele Erinnerungen an diese

Wohnung. Auf dem Hof gab es, wie damals allgemein üblich, einen Ziehbrunnen, wo man Wasser mit dem Eimer heraufholte. Meine Schwester Annemarie schaute immer höchst interessiert in den »Sod«, wie die Brunnen in der plattdeutschen Sprache hießen. Als einmal unsere Tante Else zu Besuch war, verbot sie es ihr mit den Worten, dort unten sei eine böse Nixe, die kleine Mädchen in den Brunnen hole. Nach kurzer Zeit kam Annemarie ins Haus und sagte zu Tante Else: »Eben war sie aber nicht da«.

Wir wohnten etwa zwei Jahre bei Monsees, da bot sich die Gelegenheit, das große Bauernhaus von Behrens in der Bauernreihe zu mieten, wo die Witwe Behrens mit ihren Söhnen wohnte und wo die ersten Maler, Fritz Makkensen, Otto Modersohn und Hans am Ende gastliche Aufnahme gefunden hatten. Der älteste Sohn Georg ließ den Hof umbauen und zwar von dem Bruder Fritz Makkensens, der Architekt war. An den Umzug erinnere ich mich noch gut, wir transportierten alles in einem Kinderwagen, zusammen mit einer Menge aufgerollter Leinwände, den Bildern vom Vater.

In diesem Haus begann unser eigentliches Kinderparadies. Die große Diele war leer. Vorn, bei der Grotdör die Boxen für die Pferde, und auf der anderen Seite die Pfähle, wo die Kühe angekettet wurden. Wie bei jedem Bauernhof der acht »Vollhöfner« war auch der Flur sehr groß. Eine schöne alte Standuhr schlug dort mit kräftigem Klang die halben und vollen Stunden. Hinrich Behrens, der zweite Sohn, hatte das Haus geerbt und bewohnte zwei Zimmer. Alles andere war unser Reich. Im ersten Raum auf der linken Seite des Flures war die Sparkasse untergebracht, die Hinrich leitete. Dort gab es einen Panzerschrank, ein Pult und einen Schreibtisch. Dahinter lag sein Schlafzimmer. Nur unser Dienstmädchen, die »Stütze«, wie man damals sagte, kam in seine Zimmer und machte sie sauber, und Hinrich Behrens gab ihr et-

Familie Krummacher - links mit Freunden; auf dem Rasen: links, Annemarie; rechts Gertrude

was dafür. Zu Weihnachten schenkte er ihr regelmäßig Stoff für ein Kleid. Er war ein vielseitiger und sehr beschäftigter Mann, denn neben seinem Amt als Vorsteher der Sparkasse war er auch noch Standesbeamter. Mein Mann und ich sind von ihm im Jahre 1924 standesamtlich getraut worden.

Die Schlafzimmer lagen zur Straße hin. Nach hinten hinaus gab es noch zwei Zimmer und daneben Küche und Kinderzimmer, in dem auch gegessen wurde. Was jetzt unser Kinderzimmer wurde, war früher, wie in allen Häusern der Bauernreihe, die Spinnstube. Bei Behrens und Schröders, deren Hof direkt neben dem unseren lag, aßen dort die Knechte und Mägde. Wie oft haben wir Kinder mit ihnen zu Abend gegessen: Eine große Pfanne mit Bratkartoffeln und Speck oder Buchweizenpfannkuchen kam auf den Tisch, und jeder stach mit der Gabel in die Pfanne und holte sich seinen Teil. Manchmal gab es auch Rührei auf Schwarzbrot. Uns schmeckte es jedenfalls großartig, und wir aßen dort lieber als mit den Eltern.

In unserem Kinderzimmer war die Butze, wo die Magd schlief, noch vorhanden. Eine gemauerte Nische in der Länge eines Bettes und etwa einen Meter tief. Die Tiefe war bis einen halben Meter über dem Fußboden ganz mit Stroh ausgefüllt. Darüber kam ein Leintuch und ein Kopfkissen. Mit einer Doppeltür konnte man die Butze verschließen. Ich glaube, die Leute haben ganz gut darin geschlafen. Auf der anderen Seite, an der Rückwand und schon draußen auf der Diele, schlief der Knecht. In allen acht Bauernhäusern war es gleich.

Unser Vater ließ nun über die Tiefe, die sonst mit Stroh ausgefüllt war, vom Einstieg der Butze aus Bretter legen, und so hatten wir das schönste Spiel- und Puppenzimmer, das man sich denken kann. Als wir noch kleiner waren, konnten wir darin stehen, und für die Puppenbetten, Puppenwagen und die Puppen selbst war auch noch Platz. Wie oft haben wir dort im Winter gespielt! Im Sommer waren wir natürlich im Garten. Mit der Familie Behrens verband uns eine große Freundschaft; das heißt von den sechs Kindern waren nach Minni und Meta die beiden mittleren, Adele und Mathilde, Annemaries beste Freundinnen, während Georg, der nach Mathilde kam, über Jahre hinaus mein bester Freund gewesen ist. Mit Puppen spielten wir Schwestern meistens allein zu Hause. Sonst hielten wir uns oft auf Georg Behrens Hof am Straßentor bei den Knechten auf.

Einmal erlebten wir, wie eine Sau zehn Ferkel warf, dachten uns aber beide nicht viel dabei. Jedes wurde mit Stroh trocken gerieben, dann blies der Knecht in die winzigen Nasenlöcher der kleinen Wesen und sagte dabei: »Und Er blies ihm den lebendigen Odem ein«. Sicher sagte er das aber nur, um uns zu imponieren. Als Herr Behrens davon erfuhr, daß wir bei der Geburt der Ferkel dabei waren,

wurde er sehr böse und verbot dem Knecht, uns noch einmal zuschauen zu lassen. Offenbar war er der Meinung, es schicke sich nicht.
Nachmittags wurden die Pferde auf die Weide neben der späteren Ziegelei geritten. Der Knecht setzte uns auf ein Pferd und führte es an der Leine, während das andere nebenher trottete. Ich bekam immer die trächtige Stute, die besonders vorsichtig trabte. Es war zwar ziemlich anstrengend für mich, meine kleinen Beine über den breiten Rücken zu strecken, aber dieses Vergnügen wollten wir uns nie entgehen lassen.

Auf dem Pagelunenhoff

Georg war mein treuster Freund, und wir spielten immer zusammen. Als wir dann zur Schule kamen – ich ein Jahr früher als Georg, – saßen Jungen und Mädchen streng getrennt. Unsere Freundschaft war wohl allgemein bekannt und so sagte der Hauptlehrer, der ehrwürdige, weißbärtige Herr Riggers: »Die kleine Trude soll neben ihrem Freund Georg sitzen, die beiden sind ja unzertrennlich.« Deshalb das alte Schulbild, wo ich allein zwischen all den Jungen neben Georg in der untersten Reihe sitze, während Annemarie, meine Schwester, neben Mathilde Behrens und Martha Schwenke von der Mühle, einige Reihen höher steht.

Diese Jahre auf dem »Pagelunenhoff« waren wohl die schönsten unserer ganzen Kindheit. Der Hof hieß so, weil nachts immer die vier Pfauen von Fuhrmann Kück, der sich diese schönen exotischen Vögel mitten unter seinen Hühnern hielt, hoch über die Wiesen, die zwischen der Findorffstraße und der Bauernreihe lagen, hinwegflogen und sich auf dem Dach unseres Hauses niederließen, wo sie ihre eigenartigen Schreie ausstießen, die ihnen den Namen Pagelunen einbrachten.

Aber nicht nur bei Behrens waren wir kleinen Mädchen gern gesehene Gäste, sondern überall in der Bauernreihe. Auch die einige Jahre ältere Luise Böttjer, Glockenböttjer, spielte gern mit uns. In unserer Vorstellung wohnte in dem ehemaligen Backhaus Schneewittchen mit den sieben Zwergen. Der Garten war überhaupt wunderschön und romantisch. Er ging bis auf den Berg an die heutige Bergstraße und war zum Teil oben mit Buchen bestanden. Eine Quelle rieselte dort herunter, und das Wasser verlor sich in einem kleinen Graben an der Straße.

Direkt angrenzend an den Pagelunenhoff steht noch heute der Schrödersche Hof. Man konnte ihn leicht erreichen

Die Volksschulklasse in Worpswede: unten in der Mitte die beiden unzertrennliche Freunde: Gertrude Krummacher und Georg Behrens. Links der Lehrer: Herr Köster, rechts: Herr Wellbrock, darüber mit Bart: Herr Riggers

durch einen sogenannten Überstieg, eine Lücke im Gartenzaun, wo diesseits und jenseits eines jeden Grundstücks zwei Holzstufen waren. Wie oft sind wir da zu Schröders hinübergestiegen! Wir nannten alle älteren Leute entweder Onkel oder Tante. Schröders waren schon ältere Leute, die Kinder bis auf Ludwig, den Jüngsten, der etwas älter war als meine Schwester Annemarie, alle erwachsen. Onkel Schröder, ich habe ihn noch deutlich vor Augen, sagte zu mir, der damals Vierjährigen: »Die kleine Tute (so nannte er mich immer) kann bei uns als Magd anfangen.« Ich sollte dafür ein Paar Holschen, wie man die Holzschuhe auch nannte, bekommen. Wenn ich manchmal fragte, ob die Holschen schon da seien, kratzte er sich am Kopf und antwortete, er hätte das Maß (einen Streifen Papier) leider verloren. So hielt er mich

eine ganze Zeit hin, bis meine ältere Schwester mir sagte, Onkel Schröder mache nur Spaß.
Schön war es, wenn die Ernte eingebracht wurde. Dann gab es auf dem Schröderschen Flur ein großes Essen. Knechte, Mägde und die Tagelöhner, die beim Mähen mitgeholfen hatten, saßen mit dem Hofbesitzer an einem langen Tisch. Wir durften auch dabei sein. Es gab eine gute Suppe vom Schwein und Braten und Braunbier, von dem wir auch mittrinken durften.
Die größte Attraktion auf dem Hof waren aber die Störche! Sie kamen jedes Jahr pünktlich im Frühjahr und flogen dann im Herbst mit ihren Jungen wieder weg. Wie viele Jahre hat die ganze Bauernreihe ihre Freude an den schönen großen Vögeln gehabt! Das Revier war wie geschaffen für sie. Hinter unserem Haus, dort, wo die Fenster von Küche und Kinderzimmer hinausgingen, erstreckten sich lauter sumpfige, von kleinen Gräben durchzogene Wiesen. Hier wimmelte es von Fröschen. Täglich beobachteten wir die Störche, wie sie mit ihren langen, roten Beinen auf diesen Wiesen herumstelzten, mit ihren Schnäbeln in den Gräben stocherten und Frösche fingen. Vater und Mutter Storch brüteten abwechselnd. Die ausgeschlüpften Jungen, meistens waren es zwei, wurden so lange gefüttert, bis sie selbst Flugversuche machen konnten. Wir konnten alles sehr gut beobachten. Manchmal machten die Dachbewohner Schröders auch ärgerlich, wenn sie vom First aus Giebel und Fenster immer wieder beschmutzten. Die gute Stube – wir würden sagen der »Salon« – lag in allen Häusern der Bauernreihe an der gleichen Stelle, ein sehr großes Zimmer, oft mit einem kunstvollen Kamin, hinter dem sich der Ofen verbarg. Hier mußten die Fenster dauernd geputzt werden, aber verjagen wollten die Schröders die Störche doch nicht. Man sagte, sie brächten Glück. Wollten sie sich auf ihre Weise dankbar zeigen? Im ersten Jahr warfen die Störche eine Feder in den Hof, im nächsten ein

Ei, das unbeschädigt unten ankam, und im dritten Jahr einen jungen Storch. Er hatte, glaube ich, ein verletztes Bein. Jedenfalls wurde er zahm und spazierte fröhlich unter dem Hühnervolk herum, das sich auch nicht daran störte.
In dem Jahr, als das Ei herunterkam, schenkte mir Ludwig Schröder zum Geburtstag, den wir immer wechselseitig feierten, ein kunstvoll geschnitztes Boot aus einem Stück Klutentorf, dem leichten braunen Torf, der zum Feueranzünden im Küchenherd gebraucht wurde, denn Holz gab es wenig. In dem Boot lag das Storchenei. Gegessen haben wir es gewiß nicht, genauso wenig wie die Kibitzeier, die uns der Vorsteher Behrens jedes Jahr zu Ostern schenkte. Er hatte eine Entenjagd an der Hamme und einen uralten Jagdhund Bruno, den wir mitversorgten. Die Kibitzeier und das Storchenei warfen wir hinter einen Busch. Doch »wat de Buer nich kennt, dat freet he nich«, und so ging es auch uns.
Die Geburtstage der Frauen in der Bauernreihe wurden immer ganz groß gefeiert. Bei Schröders gab es immer Himmelstorte. Sie bestand aus vielen Schichten und jede war mit Sahne gefüllt. Unsere Mutter wurde immer mit eingeladen. Als ich 1937 anläßlich des 70. Geburtstages meines Vaters mal wieder in Worpswede war, besuchten meine Mutter und ich auch Frau Glockenböttjer; das war und ist wohl noch heute der Name des Hofes, wo die Dorfglocke stand und nun wieder errichtet ist, allerdings nicht ganz originalgetreu. Damals war kein Walmdach über der Glocke, die für die acht Vollhöfner zum Gottesdienst läutete. Sonntags in der Kirche wurde für sie immer extra gebetet und auch für die drei Bauern aus Waakhausen, denn sie hatten die Kirche mitgebaut.
Frau Glockenböttjer war schon sehr alt und bettlägrig, freute sich aber doch über unseren Besuch. Sie sagte: »Wenn Frau Krummacher dabei war, wurde es immer interessant.« Unsere Mutter konnte, ganz im Gegensatz zu

den ruhigen Bäuerinnen, immer etwas erzählen. Frau Glockenböttjer ist dann kurz nachdem wir bei ihr waren gestorben.
Der Garten vom Pagelunenhoff war sehr groß. Zu unserer Zeit ging er bis zu Domreis; und war mit schönen Eichen und Buchen bestanden. Am Ende des Grundstücks hatten wir unsere Gemüsebeete. Wie überall gingen die Vögel, hauptsächlich Spatzen, an die Erbsen und an anderes Gemüse. Wir beschlossen daher, eine Vogelscheuche aufzustellen. Herr Behrens lieh uns einen alten Jagdanzug mit Hut. Die Ärmel wurden mit Stroh ausgestopft, und auf dem Kopf saß der Jagdhut. Zäune gab es nirgends, nur nach der Bauernreihe einen Drahtzaun und eine Gartenpforte. Emilie Stolte, die Fritz Mackensen als ersten nach Worpswede gebracht hatte, kam oft von dem Stolteschen Haus bei Domreis vorbei von hinten in den Garten, um einen kleinen Schwatz mit Mutter zu halten. Eines Abends glaubte sie Herrn Behrens bei den Gemüsebeeten stehen zu sehen und sprach eine ganze Weile zu ihm hin. Es war schon dämmrig, und erst als wir es ihr sagten, merkte sie, daß sie mit der Vogelscheuche gesprochen hatte.
Der große, parkartige Garten hatte aber auch seine Nachteile. Domreis' Schweine kamen oft und wühlten in den Gemüse- und Blumenbeeten herum. Eines Tages wurde es meinem Vater zu bunt. Er nahm seinen Spazierstock und warf ihn in die Schweineherde. Dabei erstach er ein kleines Ferkel. Wir fanden es sehr lustig, aber Domreis nicht. Nach Bezahlung des Schadens waren sie jedoch zufrieden, und wir hatten ein Spanferkel.
»Tante Mimi«, wie Emilie Stolte im Dorf genannt wurde, war ein häufiger Gast bei uns und wußte immer den neuesten Klatsch zu berichten. Später wurde sie ziemlich schwerhörig, und man mußte sehr laut sprechen, damit sie einen verstand. Infolgedessen nahmen wir sie lieber mit ins Haus.

Der Glockenstuhl bei »Glockenböttjer«.

Mit Behrens verkehrten wir eigentlich erst ständig in der Schulzeit. Vorher waren wir fast immer Gast bei Schröders. Ein Zimmer vermieteten sie und dort wohnte als Schülerin von Mackensen Elsa Thienemann aus Lodz. Ihre Familie stammte ursprünglich aus Dresden. Der Vater gründete dort eine Seidenfabrik und wurde durch die Fabrikation von Trauerschleiern für die vielen Witwen im Russisch-Japanischen Krieg sehr wohlhabend. Zwischen meiner Mutter und ihr entwickelte sich eine herzliche Freundschaft, und auch wir liebten Tante Thienemann sehr. In dem großen Atelier bei uns wurde oft Akt gezeichnet und gemalt. Übrigens waren die Brüder Gerhard und Carl Hauptmann mit zwei Schwestern Thienemann verheiratet, den Tanten von Elsa Thienemann. Sie erzählte uns, daß die Brüder Hauptmann noch jahrelang, als sie längst anderweitig verheiratet waren, in Schreiberhau täglich ihre erste Frau besuchten. Als Carl Hauptmann sich in Worpswede aufhielt, – Paula Modersohn schrieb darüber in ihren »Briefen und Tagebuchblättern« und auch Heinrich Vogeler in seinen »Erinnerungen« –, wohnte seine zweite Frau, eine Schauspielerin bei uns. Sie hieß Mucki Rohne und war sehr apart. In dem einen Zimmer, das Vater dafür vorgehen hatte, hat sich mancher Maler bei uns eingerichtet und seine Worpsweder Zeit genossen.

Elsbeth

Als Paula Becker Otto Modersohn heiratete, wollte er natürlich auch seinem damals 3jährigen Töchterchen Elsbeth eine neue Mutter geben. Es unterliegt keinem Zweifel, daß Paula Modersohn-Becker die bedeutendste unter der Künstlerschar in Worpswede war. Sie ging neue Wege und spürte bald, daß sie sich nur in Paris weiterentwickeln konnte. So kam es, daß sie oft lange Zeit von Worpswede fernblieb, zuletzt auch ein halbes Jahr. Aber wohin mit Elsbeth? Meine Mutter sagte, es sei ihr ganz gleich, ob sie zwei oder drei Mädchen zu versorgen hätte, und so war Elsbeth oft bei uns. Da sie genauso alt wie meine Schwester Annemarie war, spielten die beiden gern in unserer Butze zusammen. Ich war mehr bei Georg. Annemaries liebste und größte Puppe hieß Martchen. Elsbeth spielte auch viel mit ihr. Einmal stellte sie sie auf unseren Eßtisch, und es kam, wie es kommen mußte: Martchen fiel herunter, und der Porzellankopf zerbrach. Alle weinten. Es blieb Vater nichts weiter übrig, als zum Puppendoktor nach Bremen zu fahren und ihr einen neuen Kopf anzupassen. Aber er war anders, und ich glaube, Annemarie hat es wohl nie ganz verschmerzt, daß ihr geliebtes Martchen nicht mehr aussah wie früher.

Bei jedem Bauernhof gab es einen meistens mit Wasserlinsen bedeckten Teich, der zum Löschen gedacht war für die Feuerwehr, falls es einmal brennen sollte. Im Winter fror er zu, und dann hatten wir die größte Freude daran, auf ihm zu »glitschen« oder Schlittschuh zu laufen. Vater besaß noch Schlittschuhe zum Anschrauben, die Annemarie benutzte. Ich bekam »Holländer« geschenkt. Man benützte sie zum Tourenläufen. Eine kleine Eisenschiene, in Holz eingelassen, wurde mit Riemen an den Stiefeln befestigt. Damals machte man, wie in Holland, weite Touren bis nach Alt-St.Jürgen über die gefrorenen, überschwemmten Hammewiesen. Für uns zählten nur die Holländerschlittschuhe, die anderen nannten wir verächtlich die »eisernen«.

Elsbeth fiel eines Tages auf den Hinterkopf. Sie wurde ziemlich krank und bekam hohes Fieber. Modersohns waren nicht zu erreichen, aber dank Dr. Wulff ging es ihr bald wieder gut. Es kamen auch noch andere Kinder zu uns, zum Beispiel Hugo Abraham, der Sohn unseres Schlachters. Er sagte einmal: »Wenn ich barfuß durch die Brennesseln laufe, bekomme ich dann zehn Pfennige?« Wir haben sie ihm gegeben. Damals war Elsbeth auch gerade wieder bei uns. Neben dem Löschteich gab es ein undurchdringliches Dickicht und dort standen auch die Brennesselbüsche. Ob Hugo nachher Höllenqualen litt, hat er uns nicht gesagt.

Als ich noch ziemlich klein war, vielleicht vier Jahre alt, verbrachten wir einmal vierzehn Tage in Grasdorf bei Grasberg auf einem Bauernhof im Bremer Stil: das Fachwerk hatte nicht rote Backsteine mit grünem Holzwerk, sondern weiße Steine mit blauen Balken. Die Verwandten Achelis aus Bremen (Senator und Konsul), hatten es uns zur Verfügung gestellt. Sonntags bekamen wir Besuch aus Worpswede: Bullwinkels, Garmans, Schröders und Böttjers aus der Bauernreihe, sie kamen alle nacheinander mit Pferd und Wagen. Meine Mutter mußte großen Mengen Kaffee kochen, aber das ganze Blech Butterkuchen, das brachten sie mit. Ich erinnere mich, daß es an diesen Sonntagen sehr lustig bei uns zuging.

Nach langen Jahren entdeckte mein ältester Neffe in Fulda die aufgeschriebenen Erinnerungen meiner 1971 verstorbenen Schwester Annemarie, in denen es hieß: »Es kann im ersten Jahr meiner Volksschulzeit gewesen sein, im Winter, als Elsbeth längere Zeit bei uns im Haus verbrachte. In Begleitung eines Bauernjungen, der ihre Habseligkeiten in einer Kiste auf dem Schubkarren beförderte, erschien die kleine Elsbeth ohne Anmeldung bei uns.

Der Junge bemerkte nur: »Eck schall die Deern un dat Tüg afgeben.« Meine Mutter sah meinen Vater ratlos an. Er lächelte und strich dem verängstigten Kind übers Haar. So blieb Elsbeth bei uns.
Vor geraumer Zeit hatte Paula Modersohn mit meiner Mutter über ihre und ihres Mannes Pläne, den kommenden Winter in Paris zu verbringen, gesprochen. Nach Künstlerart hatten sie sich nicht die geringsten Sorgen gemacht oder Vorkehrungen getroffen, was mit Elsbeth in jener Zeit geschehen sollte. Meine warmherzige Mutter bot spontan an, die Kleine bei uns aufzunehmen. Eine Abmachung oder Terminbestimmung bestand jedoch nicht. Der Aufenthalt des Mädchens zog sich, wie schon gesagt, über Wochen und Monate hin. Die Eltern in Paris blieben unerreichbar. Innig schloß sich Elsbeth an meine Mutter an.«

Weihnachten in Worpswede

Der Winter war für uns genauso schön in Worpswede wie der Sommer. Außer dem Schlittschuhlaufen auf dem kleinen Teich fuhren wir auch viel Schlitten. Dazu waren sowohl der Weyerberg als auch der Schmidtberg vorzüglich geeignet. Etwa von der Hälfte des Weyerberges sausten wir ins Dorf hinein und oft gings gegen Behrens Zaun am Straßentor, noch öfter aber gegen die »Slottschün«. Wenn man so in voller Fahrt den Berg herunterkam, konnte man nicht mehr bremsen. Die alte Frau in der armseligen Wohnung sagte: »De Tassen klötert inn Schrank«, wenn wir gegen die Mauer stießen. Einmal fuhr ich mit Elisabeth; ich saß hinten, um zu steuern. Elisabeth war die Tochter der Witwe Toel, der Frau des Consuls in Casablanca, und wohnte einige Jahre im Haus von Bartsch, der jahrelang von Worpswede abwesend war. Ihr war der Schnee – und wie man sich bei Kälte anzog – fremd. Wir alle hatten Wollmützen und warme Strickjacken an. Sie kam im Mantel mit einem großen, breitrandigen blauen Filzhut, und das war ihr Glück, denn natürlich stießen wir wieder gegen die Slottschün. Der Hut verhinderte, daß sie sich die Nase blutig schlug. Einmal brach sich sogar Bernhard Ranke, der Sohn vom Schneider, ein Bein. Aber verboten wurde uns die Fahrt vom Weyerberg trotzdem nicht. Manchmal fuhren wir auch den Susenberg hinunter. Das war eine lange, aber nicht allzu schnelle Abfahrt am Südhang des Weyerberges neben dem Mackensenschen Haus vorbei. Heinrich Vogeler fuhr mit »Schneeschuhen«, wie man damals die Skier nannte, dort hinunter. Wir bewunderten ihn sehr, war er doch der Erste, der diese Kunst beherrschte.

Der Kirchberg ging von der ehemaligen Pastorenscheune bis zur heutigen Bergstraße, wo die Schlitten einen ziemlichen Hopser machten, bis nach unten auf die Findorff-

straße, manchmal auch noch weiter durch einen schmalen Gang zwischen Büschen bis zur Bauernreihe. Wenn wir dann unsere Schultaschen gleich nach der Schule auf dem Rücken trugen, konnten wir, sofern wir genug Schwung hatten, bis fast vor unser Haus in der Bauernreihe fahren.
Weihnachten wurde bei uns sehr festlich begangen. Unser Vater malte von Zeit zu Zeit Landschaften in Mevenstedt und Winkelmoor. Dort hatte ein Bauer viele Tannen um sein Grundstück gepflanzt, und Vater suchte immer eine besonders schöne als Christbaum aus. Sie mußte bis an die Decke reichen, also vier Meter hoch sein. Mein Vater ließ es sich nicht nehmen, den Baum selbst zu schmücken. Er hatte vom Elternhaus viele schöne, große, massive Kugeln geerbt, dazu kleine Vogelkäfige mit Vögelchen, aus Glas geblasene Schwäne, Pfauen mit farbigem Schwanz und Hirsche aus Milchglas. Er verwandte auch viel Zuckerwerk. Meine Mutter war eine Feinschmeckerin. Alle Vierteljahr etwa kam ein »Commis«, wie man sie damals nannte, von dem Delikatessengeschäft Lankenau aus Bremen und nahm Bestellungen für Weihnachten auf. Sie bestellte sich immer Kaviar, den wir anderen nicht mochten. Der Commis kehrte mit der Bahn heim, und Fuhrmann Bunger »Aus dem Rusch« holte in Bremen die Ware ab. Später hatte er es ja mit der Kleinbahn leichter, da war es nicht weit bis zum Worpsweder Bahnhof. Die Zuckerkringel für den Christbaum waren auch von Lankenau und natürlich Lachsschinken und Konserven, auch Pralinen, und als besondere Überraschung lag auf dem Weihnachtsteller ein Knallbonbon: ein walzenförmiges Papier, rechts und links zugebunden, am Ende gefranst. Zu zweit mußte man ziehen, es gab einen Knall und dann kam aus der Mitte ein Bonbon heraus und ein sinnvoller Spruch auf Papier. Ohne diese Knallbonbons war Weihnachten nicht denkbar.
Die Maler schmückten ihren Baum sehr unterschiedlich, Modersohn zum Beispiel nur mit goldenen Papierster-

nen, was eigentlich sehr stilvoll war, und Paul Schroeter, der auch einige Jahre in Worpswede lebte, hängte nur bunte Äpfel an den Baum. Damals kamen Lametta und Engelshaar auf, und viele Leute behängten ihren Baum über und über damit.Bei den Malern war dies aber verpönt, weil man dann überhaupt kein Grün mehr sah.

Das schönste Weihnachtsfest, das mir in Erinnerung geblieben ist, war das, bei dem ich meinen Ludwig bekam. Annemarie hatte schon ihr Martchen mit Puppenwagen, aber ich wollte nur einen Jungen. Es muß etwa 1905 gewesen sein. Vater läutete mit einer Tischglocke, das Dienstmädchen, das Fräulein und die Waschfrau warteten im Flur, und als die Tür aufging, stimmte er mit seinem schönen Bariton die Weihnachtslieder an. Wir mußten erst »Oh, du fröhliche«, »Stille Nacht, heilige Nacht« und »Ihr Kinderlein kommet« absolvieren. Die gute Tante Meyerdieks führte mich an der Hand, und trotz strahlendem Lichterglanz sah ich nichts anderes als meinen Ludwig im Puppenwagen. Er hatte kurze blonde Locken – sicher gab es damals noch keine Jungenpuppen, die Haare wurden einfach abgeschnitten – und trug einen weißen Matrosenanzug mit feinen blauen Streifen. Ich habe wohl bei keinem anderen Weihnachtsabend mehr so viel Glück empfunden wie damals. Tante Meyerdierks nahm mich auf den Schoß und freute sich mit mir. Später bekam ich noch mehrere Puppen dazu, so das Dornröschen und das Fränzchen; aber Ludwig blieb mir die liebste.

Die Kaufleute in Worpswede waren alle hoch angesehen. Stoltes sind bekannt, der Vater von Tante Mimi war Vorsteher im Dorf. Und dann die beiden Familien Wilhelm und Theodor Garmann, die einzigen Katholiken im Ort. Wilhelm hatte sechs Kinder, Theodor zwei. Es gab bei den Garmanns, wie bei der jüdischen Familie Abraham, nicht die geringsten Ressentiments.

In der Weihnachtszeit war es für uns bei Garmanns immer sehr interessant, denn sie stellten eine Krippe auf, was wir Protestanten nicht kannten. Einmal im Monat fuhren sie nach Bremen in die katholische Johanniskirche. Theodor Garmann trennte sich später von seinem Bruder und betrieb ein Eisenwarengeschäft. Schulken war der Nachfolger von Wilhelm. Theodor ließ sich von Heinrich Vogeler in der Bergstraße eine große Villa bauen. Heute wird sie »Haus der Post« genannt, weil später, wohl nach dem Tode von Theodor Garmann, die Post hineinzog. Wie meine Eltern, die auch geladen waren, berichteten, muß die Einweihung großartig gewesen sein. Die Eltern brachten uns Kindern Konfekt mit, das großzügig verteilt worden war.

Der Zigeunerjunge

Gelegentlich kamen Zigeuner nach Worpswede. Sie durften, wie damals überall in Deutschland, nur am Dorfrand ihre Wagen aufstellen, z.B. an der Grenze nach Ostendorf, wo der Weg nach Bergedorf abzweigt. Wir unterhielten uns mit ihnen. Meine Mutter fragte, ob sie auch einer Religion angehörten, und sie sagten, sie hätten jüdischen Glauben, was uns sehr erstaunte. Eines Tages kam wieder ein Zigeunerwagen und dieser wurde in Osterwede, im Hof des Elternhauses von dem späteren Bäcker Reiners von Worpswede, eingewiesen. Die Zigeunerkinder mußten bei uns zur Schule gehen. In meine und Annemaries Klasse, die im selben Raum war, kam Sybilla Schmidt. Mit ihren braunen Locken und den tiefdunklen Augen war sie ein hübsches Mädchen. Im Gegensatz zu den gleichaltrigen Mitschülerinnen eigentlich schon erwachsen. Sie trug lange, weite Röcke, wie man sie aus »Carmen« kennt. Ihr Bruder war gleichaltrig mit mir und eher unansehnlich, mit hellbraunem Haar und farblosen Augen. Sybilla kam eines Tages in der Pause auf mich zu und bedeutete mir geheimnisvoll, ihr Bruder Adolf, den ich bisher kaum beachtet hatte, wolle mich sprechen. Als ich zu ihm ging, schenkte er mir einen Ring mit buntem Stein. So machte er es jeden Tag bis ich schließlich an allen zehn Fingern einen Ring trug. Meine Mutter sah das zwar nicht gern, erlaubte aber, daß Adolf zu mir in den Garten kam und mit mir spielte. Auf sein Drängen hin bin ich auch manchmal mit ihm zu seiner Familie in den Zigeunerwagen gegangen.

Im Mai war mein Geburtstag, zu dem ich eine Menge Kinder einladen durfte. Ich erinnere mich dessen sehr genau, weil die beiden ältesten Vogeler-Töchter auch kamen und mir einen Worpsweder Taschenkalender von 1907 mit einer Federzeichnung ihres Vaters für jeden

Monat und seiner handschriftlichen Widmung »Für Gertrud von Miekelis und Bettina« schenkten. Wir feierten im Garten mit allerhand Spielen. Plötzlich kam ein fremder Junge in unsere fröhliche Kinderrunde und wollte mich allein sprechen. Er sagte, Adolf Schmidt warte auf der Straße auf mich. Als ich zu ihm kam, gratulierte er mir zu meinem Geburtstag und gab mir ein kleines Blechluftschiff, das er an einer Schnur hin und her gleiten ließ. Erwartungsvoll sah mich Adolf an, und was tat ich? Ich warf ihm sein Geschenk vor die Füße und rannte zurück zu meiner Kindergesellschaft. Was ich dem Jungen antat, habe ich erst später verstanden. Bald darauf verloren wir uns aus den Augen, weil die »Tatern«, wie man früher die Zigeuner nannte, weiterzogen.

Tante Emmy

Für uns Kinder hat »Tante Emmy«, wie wir sie nannten, viel getan. Wir Malerkinder, Elsbeth Modersohn war dabei, auch Fritz Overbeck und für kurze Zeit Ruth Rilke, mußten vor Weihnachten immer zu ihr kommen und Handarbeiten für die Eltern und Verwandten machen. Sie befaßte sich auch mit Batik und ließ uns schöne Bänder fabrizieren. Wir freuten uns immer, wenn wir bei ihr sein durften. Eigentümlich war, daß sie uns meistens dann besuchte, wenn wir uns gerade an den Tisch zum Mittag- oder Abendessen setzen wollten. Selbstverständlich baten wir sie, zu bleiben.
Als von Christian Morgenstern ein Gedicht erschien: »Die Möwen sehen alle aus, als ob die Emma hießen«, fühlte sich Tante Emmy auch als Möwe. Sie nahm meine Mutter nicht ganz für voll, weil sie nur Hausfrau und Mutter war, während sie selbst eine Kollegin von unserem Vater sei. Sie nannte sie deshalb eine Henne. Zu Ostern revanchierte sich meine Mutter mit einem hübschen Körbchen voll buntgefärbter Eier und einen daran gehängten Zettel, auf dem geschrieben stand: »Die Henne der Möwe«.
Ich hatte schon, bevor wir nach Sondershausen kamen, Klavierstunden bei Herrn Seekamp. Er war ein Bildhauer und Musiker aus Bremen. Seine Frau hatte eine Gesangsausbildung. Sie gaben mehrmals Konzerte, und dabei begleitete er sie am Klavier. Damals wohnten sie im ersten Stock bei Claas Knoop, dem einzigen Installateur im Ort. Ich habe die Anfänge mit Hilfe der damals berühmten Klavierschule von Damm, die wohl vielen Generationen als Lehrmaterial gedient hat, sehr gut bei Herrn Seekamp gelernt und übte fleißig auf unserem alten, von den Großeltern geerbten Klavier, dessen Töne ziemlich dünn, fast spinettartig klangen. Damals hatte ich meinen ersten Ver-

ehrer – Annemarie kannte schon eine ganze Menge –, der Ferdinand Stolte hieß und genau so alt war wie ich. Wenn ich zur Klavierstunde ging, holte er mich ab, brachte mich zum Knoopschen Hause, wartete geduldig, bis der Unterricht beendet war und begleitete mich dann wieder nach Hause.

An der Ecke der Findorffstraße, neben der Apotheke, hatten zwei Brüder Schröder einen kleinen Kramladen. Einer war buckelig, und es ging die Sage, er verdünne den Essig, zu dessen Kauf man eine Flasche mitbringen mußte, heimlich hinter dem Hause mit Wasser aus der Regentonne. Als beide Junggesellen gestorben waren, kaufte Herr Seekamp das Haus und ließ es sehr schön umbauen als Worpsweder Kunstausstellung, die, neben der Kunsthalle von Philine Vogeler, viel besucht wurde, und wo zahlreiche Bilder einen Käufer fanden. Später gingen Seekamps nach Amerika, kamen aber nach einigen Jahren wieder zurück. Er starb bald darauf; Frau Seekamp wohnte noch lange Zeit im oberen Stock ihres Hauses. Später übernahm Max Karl Schwarz die Ausstellung.

Meine Schwester und ich waren noch etwa 2 Jahren in Worpswede. Tille Modersohn sollte aufs Lyceum nach Bremen kommen, wo ja auch ihre Verwandten Becker wohnten. Da sie noch kein Englisch gelernt hatte, gab ich ihr anfänglich Unterricht. Sie war damals sehr scheu, Elsbeth war ja schon fort, und es dauerte eine ganze Weile, bis sie auftaute.

Ihre Stiefmutter Luise Breling war eine ausgebildete Sängerin. Sie malte später auch Stilleben.

Während des Krieges bekam ich bei ihrer Schwester, Jossi Breling , Unterricht. Sie war eine der sechs Töchter von Professor Heinrich Breling aus Fischerhude. Ich lernte viel bei ihr. Frau Modersohn-Breling riet meinem Vater, seine beiden Töchter musikalisch ausbilden zu lassen, mich am Klavier und meine Schwester in Gesang. Annemarie hatte eine schöne Sopranstimme.

Lämmi

Fritz Overbeck schreibt in seinem Buch »Eine Kindheit in Worpswede« von einem Ziegenlämmchen, das er mit einem Glockenblumenstrauß am Hals zum Geburtstag geschenkt bekam. Weil Overbecks keinen richtigen Stall hatten, und das kleine Zicklein nur auf dem Rasen vor dem Haus weiden konnte, schenkten sie es einer befreundeten Familie. Diese Familie sind wir gewesen. Fritz kam zu Annemaries Geburtstag mit dem Lämmchen, das einen Vergißmeinnichtkranz um den Hals trug, als Geschenk. Bei uns herrschte ebenso große Freude wie damals bei Fritz Overbeck. Platz war ja genug in einer Ecke des leeren ehemaligen Kuh- und Pferdestalls. Geburtstage waren immer ein Ereignis! Als Annemarie zur Schule kam, lud sie gleich die ganze Schulklasse ein, und Mutter mußte sehen, wie sie soviel Butterkuchen und Brause, wie man damals die Limonade nannte, herbeischaffte. Wir hatten »Lämmi« noch ziemlich lange.

Es lief bei all unseren Sonntagsspaziergängen mit wie ein Hund, wollte dabei aber immer direkt hinter unserer Mutter sein. Als wir einmal auf dem Weg nach Weyermoor einen Schiffgraben überquerten, lief einer von uns hinter der Mutter. Das treue Tier wollte aber lieber bei ihr sein. Da sprang es in den Moorgraben, obwohl Ziegen das Wasser scheuen. Große Aufregung und viel Tränen bei uns Kindern, aber Vater zog Schuhe und Strümpfe aus – es war ja Sommer – und holte das jämmerlich mähende Tier heraus. Lämmi schüttelte das braune Moorwasser ab und lief dann wieder glücklich hinter Mutter her. Als es erwachsen war, stellte sich heraus, daß Lämmi ein »Twiebeler«, ein Zwitter, war. Es landete später beim Schlachter Brüning. Das Fleisch soll ganz wohlschmeckend gewesen sein, doch wir haben selbstverständlich keinen Bissen davon gegessen.

Die Schule

Ich bin Linkshänder und in der achten Klasse, die man heute die erste nennt, begann ich, mit dem Griffel auf der Schiefertafel mit der linken Hand schreiben zu lernen. Erst nach einem halben Jahr fiel das Herrn Köster auf, und nun mußte ich mit der rechten Hand von neuem beginnen, was mir ziemlich schwer fiel. In Aufmerksamkeit habe ich bis zur Beendigung meiner Schulzeit nie eine gute Note bekommen. Ich weiß noch, daß Herr Köster mich öfter ermahnte: »Trude, du träumst ja schon wieder.« Aber sonst war er ein Lehrer, den wir alle gern hatten. Zwei Jahre lernten wir bei ihm, dann kamen wir in die 6. und 5. Klasse zu Herrn Wellbrock. Er war sehr streng und wohl auch kein so guter Pädagoge. Jungen und Mädchen saßen getrennt. Tille Otten, die neben mir saß, wurde meine erste Freundin. Ich bin öfter in ihrem Elternhaus »Im Rusch« gewesen. Wir schwätzten gern miteinander im Unterricht. Herr Wellbrock konnte das natürlich gar nicht leiden, und so schlug er uns mit seinem Rohrstock auf die Hände, was sehr weh tat. Die Jungen wurden noch strenger behandelt. Sie mußten die Hose runterlassen und bekamen Schläge auf den nackten Hintern.

Die Privatschule

Unsere Eltern waren sich mit Behrens einig, daß die Kinder eine höhere Schulbildung haben müßten. Herr Wilhelm Scharrelmann, der schon damals ab und zu nach Worpswede kam und uns besuchte, wußte von einer Lehrerin in seiner Straße in Bremen. So gründeten unsere Eltern und Behrens eine Privatschule zusammen mit Kellners, dem Bäcker und Postmeister, dessen einziger Sohn Heinrich mit uns unterrichtet wurde. Ein Zimmer war auch bald gefunden, nämlich bei Bauer Schröder, denn Tante Thienemann, die es vorher bewohnt hatte, war nach Lodz zurückgekehrt. Fräulein Wurthmann war eine tüchtige Lehrerin. Sie brachte uns die Anfangsgründe des Französischen und Englischen bei. In der Pause tummelten wir uns auf dem Hof bei den Hühnern, was sehr lustig war. Unsere Lehrerin heiratete nach ein paar Jahren, und dann kam Fräulein Warnken, deren Eltern aus Waakhausen stammten und nach Bremen gezogen waren. Bei Schröders mußten wir heraus, weil sie das Zimmer für den einen Sohn brauchten. Wir zogen »In den Rusch« zu Schnaars, den späteren Schwiegereltern von Mascha Vogeler.

Bald danach gab es ein einschneidendes Ereignis, daß unser späteres Leben bestimmen sollte. Herr Behrens teilte uns mit, daß wir bald aus dem Haus ziehen müßten, weil er unsere Stütze Fräulein Dammeyeer heiraten wolle. Wir alle waren darüber sehr unglücklich. Ich erinnere mich, daß meine Mutter einer Nachbarin auf der Straße mitteilte, sie sei vor Schreck wie gelähmt gewesen, als sie die Nachricht erfahren habe. Zum Glück bot sich das Overbecksche Haus an. Dort wohnte, seit Overbecks nach Bröcken bei Vegesack gezogen waren, der Maler Hartmann. Auf alten Postkarten, die es damals gab, stand noch »Villa Hartmann«.

Kinderspiele am Sonntag. Links Adele Behrens, in der Mitte Annemarie und Trude Krummacher, rechts Mathilde Behrens

Als wir noch zu Hause waren und in die Privatschule gingen, sangen wir abends, wenn wir im Bett lagen, immer zweistimmig »Die Blümelein, sie schlafen« und »Guten Abend, gut Nacht«, an lauen Sommerabenden bei offenem Fenster. Annemarie hatte eine schöne Stimme, die Worpsweder blieben oft auf der Straße stehen und freuten sich darüber, wie die Krummacher-Mädchen sangen. Das Hotel »Stadt Bremen« bewirtschaftete Josef Welzel, ein großer patriachalisch aussehender Mann. Die hübschen Töchter bedienten und später auch Martha Schröder, wie Heinrich Vogeler in seinen »Erinnerungen« schreibt. Viele junge Maler aßen dort, bevor sie verheiratet waren. Im »Stadt London«, dem ersten Haus am Platz, war Georg Kellner, der Bruder von Johann Kellner, der Wirt. Dort war es den Malern zu exklusiv und zu teuer. Die reichen Bürger stiegen dort ab, so auch unsere Verwandten Achelis, wenn sie uns besuchten.

Fräulein Bezzenberger

Nachdem auch Fräulein Warnken geheiratet hatte, mußten wir uns wieder nach einer neuen Lehrerin und auch nach einem anderen Schulraum umsehen. Fräulein Bezzenberger meldete sich und wurde engagiert. Sie sah ziemlich altmodisch aus. Literatur, Sprachen und andere Fächer konnte sie uns sehr gut beibringen, aber von Mathematik verstand sie nicht viel. Bei Heitmann »Im Schluh« fand jetzt der Unterricht statt, und die drei Vogeler-Mädchen, Klara Netzel und Fidi Kellner kamen noch dazu. Meine Schwester Annemarie war in Literatur besonders gut. Fräulein Bezzenberger lud sie manchmal zu sich, um mit ihr Bücher zu lesen und darüber zu sprechen. In Aufsätzen bekam sie meistens eine Eins, dafür haperte es in Mathematik bei ihr. Ich hatte damals schon Klavierstunden bei Herrn Seekamp und durfte öfter bei Fräulein Bezzenberger in der Wohnung vierhändig mit ihr spielen. In unser »Fremdenbuch«, wie mein Vater das Gästebuch nannte, schrieb ein Vetter von ihm:

Kerlchen amüsant possierlich
große Schwestern sehr manierlich
(Leider nur ein bißchen Ärger
über Fräulein Bezzenberger).

Im Winter, wenn die Hammewiesen überschwemmt und zugefroren waren, wurde Schlittschuhlaufen zum ganz großen Sport. Es kamen sogar viele Bremer bis zur Hammehütte, um sich dann mit einem Grog aufzuwärmen. Von Bremen aus konnte man über Ostfriesland sogar bis nach Holland laufen. Wir beschlossen eines Tages, eine Schlittschuhfahrt nach Alt-St. Jürgen, wo noch heute die alte Wehrkirche steht, zu machen. Selbstverständlich hatten wir alle Röcke an, was ja auch nicht störte. Fräulein Bezzenberger trug eine kapuzenartige rote Samtmütze, die unter dem Kinn gebunden wurde, wie sie früher die

Gruppenbild mit Lehrerin: unten v.l.n.r: Bettina Vogeler, Martha Vogeler, Fräulein Bezzenberger, Mieke Vogeler, Nudy Netzel. Stehend: Mathilde Behrens, Gertrude Krummacher, Adele Behrens, Annemarie Krummacher, Fidi Kellner

älteren Frauen hatten. Als wir in Alt-St. Jürgen auf den Gasthof zusteuerten, sagte die Wirtin: »Wat wull de ole Mutter mit ehre Kinner?« Wir waren vier Mädchen, zwei von Behrens und wir beiden Schwestern. Wochentags war dort nicht viel los, aber wir bekamen doch Kaffee und machten uns bald auf den Rückweg. Als wir fast bei Neu-Helgoland angelangt waren, stürzte Fräulein Bezzenberger plötzlich so unglücklich, daß sie sich ein Bein brach. Was tun? Wir holten eine Schiebkarre und legten sie erst einmal darauf, bis die Wirtsleute ein Pferdegespann besorgten.

Nun begann ein lustiger Schulunterricht, denn Fräulein Bezzenberger mußte das Bett hüten. Sie wohnte bei Maler Toeppe. Wir saßen beim Lernen alle um sie herum, und manchmal gluckerte die Wärmflasche, die an ihren Füßen lag.

Turnstunden hatten wir bei Herrn Meyer, dem Lehrer

von Bergedorf und Freund von Herrn Köster, im Saal bei Welzel. Er war ein gutaussehender junger Mann, »Meyer Hübsch« genannt. Wir schwärmten alle für ihn, und wenn er uns beim Bockspringen auffing, schlugen unsere Herzen höher.

Die drei ältesten Schülerinnen, die beiden Behrens und Annemarie, kamen in das Alter, wo sie zur Tanzstunde gingen. Da wurde mit allerhand halbwüchsigen Verehrern heftig poussiert. Ich selbst wurde als noch zu jung befunden. Wenn Maas, ein Neffe von Frau Monsees, in Worpswede zu Besuch war, fuhr er mit den Mädchen auf der Hamme im Ruderboot. Hermann Bullwinkel war längere Zeit Annemaries Verehrer. Mit dem etwas kleineren Torfkahn von Bullwinkels stakten die beiden manchmal bis zum »Nadelkissen«, einer kleinen, runden Halbinsel. Bei Hermanns Verlobung war Annemarie gerade in Worpswede und wurde eingeladen. Sie war inzwischen längst verheiratet. Hermann erhob mehrmals sein Glas bei diesem Fest und sagte: »Auf Annemarie, meine alte Liebe.«

Bei Georg Behrens Polterabend – oder war es die Verlobung? – war ich, jung verheiratet, zufällig in Worpswede. Es ging sehr lustig zu. Die kleine Kapelle spielte Schottisch-Quadrille, einen alten Bauerntanz, den ich noch als Kind gelernt hatte. Auf der einen Seite standen zwei Mädchen mit einem Herrn und gegenüber zwei Herren mit einem Mädchen. Alle sangen mit. Bei der zweiten Strophe kam man sich entgegen. Der Herr drehte zuerst das eine Mädchen am Arm, in dem er es einhakte, und dann das andere und umgekehrt. Es war ein hübscher Volkstanz, der mir immer sehr viel Spaß machte.

Bevor wir in die Pension nach Sondershausen sollten, mußte ich erst einmal konfirmiert werden. Zuerst hatten wir Unterricht bei dem alten Pastor Fitschen, der sehr streng zu uns war. Annemarie ist noch bei ihm konfirmiert worden. Als er starb, kam der noch junge neue Pastor Röhrbein, für den wir alle schwärmten. Ich freundete mich mit zwei Mädchen aus Waakhausen an, Meta Fittschen, der Tochter des Lehrers, – im Kirchspiel Worpswede hatte damals jedes kleine Dorf seine Schule – und Anna Oetjen. Ich fuhr mit dem Rad zu ihnen und lernte so die schönen großen Bauernhöfe auf den Warften kennen.

Im Winter lagen sie wie Halligen einsam in den von der Hâmme überschwemmten Wiesen. Damals gab es nur einen Sandweg von Worpswede über Waakhausen nach Osterholz. Zur Bahnstation mußte man nach Weyermoor. Von den Bauernhöfen konnte man nur mit dem Kahn dorthin gelangen, auch sonntags zur Kirche, bis man an die etwas höher gelegene Straße nach Worpswede kam, wo Pferd und Wagen standen. Von weitem sahen die drei großen Höfe imposant aus.

Ich habe die zwei Jahre bis zur Konfirmation treue Freundschaft mit Meta Fittschen und Anna Oetjen gehalten. Dann haben wir uns ganz aus den Augen verloren.

Eine Veränderung

Nun löste sich die Privatschule bald auf. Meine Eltern wollten aber, daß wir eine abgeschlossene Schulbildung bekamen. Wieder sprang Herr Scharrelmann ein, der damals noch nicht ständig in Worpswede wohnte, sondern uns nur öfter besuchte. Herr Scharrelmann wußte von einem Lyceum im ehemaligen Fürstentum Schwarzburg-Sondershausen, das einen guten Ruf hatte. Ostern 1914 brachte Vater uns also nach Sondershausen. Am 28. Juni, dem Geburtstag meines Bruders, erreichte uns durch Extrablätter die Nachricht, daß der österreichische Thronfolger Erzherzog Franz Ferdinand in Serajewo, wie es damals hieß, ermordet worden war. Es herrschte große Aufregung, denn wir wußten alle: das bedeutet Krieg, da wir Deutschen mit Österreich-Ungarn und Italien in einem Dreierbund zusammengeschlossen waren. Wir blieben bis zu den großen Ferien in Sondershausen. Der Krieg hatte schon begonnen, und da fast keine Züge mehr fuhren, nur Truppentransporte an die Front, war es sehr schwierig, nach Hause zurückzukommen. Unser Onkel Otto aus Münster machte den Vorschlag, uns zu sich zu nehmen. Meine Eltern nahmen ihn gern an. Bis Münster kamen wir allemal, das war ja nicht so weit, auch wenn wir lange unterwegs waren. Onkel Otto hatte eine Engländerin aufgetrieben, die uns Englischunterricht gab, und eine ältere pensionierte Lehrerin für Französich. Er selbst übernahm die Fächer Mathematik und Physik. Wir blieben ein Vierteljahr. Onkel Otto hat damals viel für uns getan, denn als einziger noch lebender Bruder meines Vaters hielt er es wohl für seine Pflicht, uns zu helfen.

Von Münster wieder nach Sondershausen zu kommen, war eine ganz schwierige Sache. 22 Stunden waren wir unterwegs und mußten dabei immer wieder umsteigen. Schließlich kamen wir aber doch an unser Ziel und blie-

ben dort bis zur Abschlußprüfung des Lyceums.
1916 waren wir wieder in Worpswede. Inzwischen waren Modersohns nach Fischerhude gezogen. Otto Modersohn hatte seine dritte Frau, Luise Breling, geheiratet, um seinen beiden Kindern wieder eine Mutter zu geben. Elsbeth war aber schon aus dem Hause.
Zu der Zeit fuhren wir mit dem Rad nach Fischerhude zu Otto Modersohn, der sich sehr freute. Er war ja zuletzt ganz allein und machte sich Sorgen um Uli, weil er lange nichts von ihm gehört hatte. Zweimal haben wir ihn mit dem Rad besucht und dort in einem Gasthof übernachtet. Das erste Mal war er so fröhlich, ging mit uns durch Fischerhude und zeigte uns das Haus von Clara Rilke-Westhoff. Beim zweiten Mal war er schon sehr hinfällig, freute sich aber doch über den Besuch seines Freundes. Bald darauf ist er gestorben und Uli einige Monate später gefallen.

Das Brüderchen

Das Jahr 1911 spielte in den Annalen der Familie Krummacher eine große Rolle, denn am 28. Juni, 11 Jahre nachdem ich geboren wurde, kam das Brüderchen zur Welt. Er war ein Siebenmonatskind, und meiner Mutter, die schon 43 Jahre alt war, ging es nicht gut. Uns Schwestern hatte sie, wie allgemein üblich, zu Hause mit Hilfe der Hebamme bekommen. Aber nun mußte sie nach Bremen ins »Große Krankenhaus«. Der Kleine kam ins Brutwännchen, weil er so zart war. Wir durften ihn besuchen. Er war am ganzen Körper mit hellblondem Flaum bedeckt.
Er war der Stammhalter der Familie Wilhelm Krummacher, dem Sohn des Parabeldichters Friedrich Adolf Krummacher, den auch Goethe schätzte. Die beiden Familien, Senator Achelis und Konsul Achelis, Onkel meines Vaters, die zwei Schwestern Krummacher geheiratet hatten, Töchter von Friedrich Adolf Krummacher, der zuletzt Pastor von St. Ansgari in Bremen war, freuten sich so sehr über den Stammhalter, daß sie einen wunderschönen Kinderwagen schenkten, den wir uns sonst gar nicht hätten leisten können.
Das Brüderchen entwickelte sich gut, und im Oktober war die Taufe. Hauptpate wurde Onkel Gerhard Krummacher, Oberstabsarzt in englischen Diensten in Kapstadt, konnte natürlich nicht kommen, aber Tante Thienemann, die auch als Patin ausersehen war, kam extra aus Lodz. Ich bewunderte damals sehr den großen Strauß herrlicher roter Rosen, den sie mitbrachte, weil es so etwas zu der Jahreszeit in Worpswede nicht gab.
Gerhard machten allen große Freude. Meine Schwester Annemarie ließ es sich nicht nehmen, ihn trocken zu legen und zu wickeln. Ich erinnere mich an einen Ausflug mit einem Motorboot, das von Neu-Helgoland aus nach

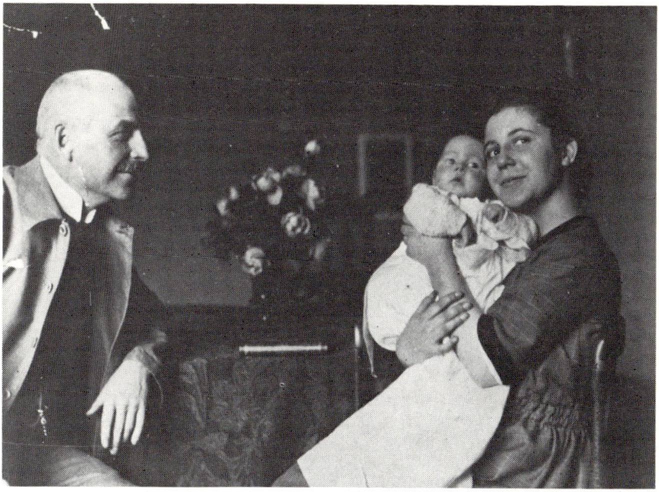

Familie Krummacher mit jüngstem Sproß Gerd, 3 Monate alt

Burg-Lesum fuhr und dann kurz nach der Schleuse von Ritterhude hielt. Dort war das Haus von Mackensens Bruder, dem Architekten. Meine Mutter hatte eine gute Mokkatorte gebacken, die auf dem Kinderwagen Platz fand, und so ging es über die Landungsbrücke etwas bergauf in den parkartigen Garten der Villa Marssel. Mathilde Behrens war auch eingeladen worden. Wir Kinder bekamen Kakao, und die Eltern ließen sich den Kaffee gut schmecken.
Sonntags gingen wir auch oft in die Umgebung, so zum Beispiel nach Weyermoor oder zum Umbeck nach Weyerdeelen. Zurück nahmen wir den Zug. Auch nach Hüttenbusch sind wir gefahren und gingen von dort ins Teufelsmoor. In dieser Gegend muß auch Klinkerberg gewesen sein, wo noch Häuser oder besser Hütten standen, deren Dächer bis auf die Erde reichten. Max Geißler (und später auch Wilhelm Scharrelmann) hat sehr anschaulich beschrieben, wie mühsam die ersten Siedler ihre Hütten

ten bauten und dem Moor langsam Wiesen und Felder abrangen. Vorher mußten wir mit der Kleinbahn Tarmstedt – Bremen – Parkbahnhof fahren. Bis Worphausen gab es die Postkutsche, aber nur frühmorgens und abends. Zu Fuß brauchte man eine gute Stunde, mit der Postkutsche allerdings nicht viel weniger. Wenn man abends in Worphausen ausstieg, kam es einem zunächst ganz dunkel vor. Rechts und links vom Fahrerbock brannte eine trübe Kerze. Erst nach und nach erkannte man die Mitreisenden: »Ach, guten Abend, Herr Pastor«.

Die Bauern und Kaufleute fuhren natürlich mit ihrem eigenen Gespann zum nächsten Gasthof, wo sie ausspannen konnten, oder gleich nach Bremen. Wenn wir Glück hatten, wurden wir im offenen Jagdwagen mitgenommen. Im Sommer gab es auch einen Pferdeomnibus mit blaugestreifter Markise bis Lilienthal oder auch bis Bremen. Solche Fahrten in die Stadt waren für uns Kinder immer ein großes Erlebnis.

Bremer Freimarkt

Der Bremer Freimarkt war jedes Jahr die große Attraktion. Als wir Kinder waren, spielte sich alles noch in der Innenstadt, beim Domshof und der auf Domsheide ab. Nur die großen Karussels und Schiffsschaukeln standen auf dem Grünen Kamp, jenseits der Weser in der Neustadt. Auf dem Domshof gab es allerhand Buden und mein Vater kaufte dort meiner Mutter einmal einen wunderschönen, silbernen Filigrananhänger mit Kette, den sie viele Jahre getragen hat. Beim berühmten »Moppenonkel« gab es glasierte Plätzchen aus Lebkuchenteig, nichts Besonderes, aber wie er sie verkaufte! Immer mit einem passenden Vers. Seit meinem achten Lebensjahr trug ich mein Haar in Schnecken über den Ohren. Als wir zum Moppenonkel kamen, sagte er: »Die Zöpfchen sind ja ganz verschwunden. Mama hat sie wohl aufgebunden.« Es waren herrliche Zeiten. Im Circus Caree auf dem Grünen Kamp regte sich die älteste Tochter von Apotheker Krieb so sehr auf, daß sie ein paar Tage danach an Herzversagen starb. Sie wurde neben unserem Familiengrab auf dem Worpweder Friedhof begraben, und ich kann nicht daran vorbeigehen, ohne an sie zu denken.
Im Hypodrom durften wir damals auch reiten. Über der Eingangstür stand in großen Buchstaben »Hypodrom von Karsten Haberjahn«. Er fungierte selbst als Ausrufer und schnarrte:»Rrreiten kann hier jedermann im Hypodrom von Haberjahn«.

Abgehängt

Im Jahre 1911 vollzog sich außer der Geburt des Brüderchens Gerd eine einschneidende Veränderung in unserem Leben. Die Großmutter, die seit 1906 bei uns lebte und den Umzug ins Overbecksche Haus mitgemacht hatte, äußerte plötzlich den Wunsch, zu ihrem ältesten Sohn, der Professor in Münster war, zu ziehen. Unser Arzt, Dr. Steingröver, meinte, wenn alte Leute noch ihren Wohnsitz ändern wollen, ist es ein Zeichen dafür, daß sie nicht mehr lange leben. Wir wollten ihr aber nicht hineinreden, doch es war eine umständliche Angelegenheit. Großmama lebte dann nur noch 1 Jahr in Münster bei Onkel Otto, bevor sie 1912 starb. Sie ist 87 Jahre alt geworden.
Nun war bei uns das Atelier frei zum Malen. Die »Kartenspieler«, ein sehr bekanntes Bild meines Vaters, sind dort entstanden, nachdem erst Studien in den Häusern oder auch im Armenhaus gemacht worden waren. Wir behielten unser Schlafzimmer im 1. Stock, während die Eltern nach unten zogen in das Zimmer neben der Küche, wo Vater bis zuletzt schlief. Die beiden »guten Stuben« wurden nur geheizt und benutzt wenn wir Besuch bekamen. Am Geburtstag meiner Mutter, wo die ganze Bauernreihe und auch noch Frau Bullwinkel und Garmanns Frauen eingeladen wurden, brauchte man viel Platz. Von einem Raum zum anderen ging man durch eine etwa drei Meter breite bogenfömige Öffnung, über der Fritz Overbeck drei ziemlich große, runde Glasscheiben anbringen ließ, die er selbst mit stilisierten Kastanienblättern bemalte.

Nun konnte Onkel Otto bei uns schlafen, wenn er zu Besuch kam; Atelier und Fremdenzimmer bei Abrahams wurden aufgegeben. Es wurde Fuhrmann Kück mit seinem Landauer bestellt oder, je nach Witterung, mit seiner offenen Chaise, um Onkel Otto in Worphausen abzuho-

Alte Postkarte der »Villa Hartmann«.

len, und wir durften mitfahren. Ach, das war ein herrliches Erlebnis! Er brachte jedem von uns eine gurkenförmige Frucht mit, die wir unterwegs gleich mit großem Genuß verzehrten. Es waren Bananen, die wir bis dahin noch nicht gekannt hatten.

Als Onkel Otto uns wieder einmal besuchen wollte und wir ihn erwarteten, kam statt seiner ein Telegramm: »Bin abgehängt«. Erst am nächsten Tag war er da. Die letzten Wagen der Tarmstedter Kleinbahn waren in Lilienthal abgehängt worden und nur die ersten nach Tarmstedt weitergefahren. Bei seiner Ankunft prangte ein großes Plakat über der Eingangstür: »Herzlich Willkommen dem Abgehängten« mit einem Blumenkranz umrandet.

Damals konnte man solche Plakate mit einer gedruckten Blumengirlande verziert überall in Papierwarengeschäften kaufen. Wir haben manch lieben Gast auf diese Weise begrüßt. Das schönste bekam natürlich unsere Mutter, nachdem sie mit dem kleinen Gerhard aus dem Bremer Krankenhaus zurückkehrte.

Herr Welzel starb bald nachdem wir in das Overbecksche

Haus eingezogen waren.Sein Sohn übernahm dann das Hotel. Es wurde ein großer Saal angebaut, der ja heute noch existiert. Dort war die Turnerriege, es wurden Tanzstunden abgehalten, Künstlerfeste gefeiert und auch Hochzeiten. Als Agnes Wulff heiratete, wobei wir beiden Mädchen in der Kirche Blumen streuten, fand auch diese Hochzeit dort in großem Stil statt. Das schöne Essen, die vielen Gäste und hinterher all die Süßigkeiten, die wir mit nach Hause nehmen durften, waren ein großartiges Erlebnis für uns.
Das Erntefest war immer ein großes Ereignis im Dorfe. Die Bauerntöchter banden eine schöne Krone aus Getreide, die von der Decke des Zeltes herabhing. Unter dem Podest, worauf die Musiker saßen, war eine Ernteausstellung aufgebaut. Es wurden Preise vergeben. Meine Mutter errang einmal den ersten Preis für einen Riesenkürbis, den sie auf dem Komposthaufen gezogen hatte und der ungefähr einen Zentner wog. Wir Kinder waren sehr stolz darüber.

Ezzo

Im Jahre 1912 zog Paul Schroeter wieder nach Worpswede, nachdem er dort schon 1902 oder 1903 bei Netzels gewohnt hatt. Er mietete das Haus des Malers Schilkmann am Hörenberg. Paul Schroeter hatte zu der Zeit schon sein Bein verloren und trug eine Prothese. Onkel Ezzo, wie wir ihn nannten, war handwerklich sehr geschickt. Im Schilkmannschen Haus baute er zwei Übereinanderbetten für die beiden ältesten Mädchen. Er selbst hatte drei Töchter. Im Winter machte er sich ein Paar warme Stiefel, um im Schnee malen zu können. Die sahen ganz anders aus als die heutigen pelzgefütterten Stiefel, eher wie zwei Fußsäcke.

Er schlüpfte in einen weiten, geleimten Strumpf. Darum herum war ein dicker Sack mit Heu gefüllt. Er hat sich selbst karikiert, wie er im Schnee steht mit diesen unförmigen Schuhen und malt. Eine solche schickte Fritz Overbeck in der Düsseldorfer Zeit an Vater. Unter einem großen Hut standen zwei Männlein und darunter der Text: »Schnauz (Fritz Overbeck) und Bauz (auch ein Tartare) sind beide gut, stehen unter Gottes Hut, haben leider nur kein Geld, können nicht nach Elberfeld. Hieß die Tante doch nicht Syber (Vaters Mutter, geb. Syberberg), Silber wäre beiden lieber«.

Die Einweihung des Häuschens wurde groß gefeiert. Viele Maler kamen, auch Otto Tügel, wie er ja eigentlich hieß, bis daraus Tetje und später, als er schon nicht mehr in Worpswede war, Tetjus wurde, war dabei und zwei Freunde, nämlich Udo Peters und ein Maler Knesch. Es wurde auch getanzt. Entweder hatte Ezzo dort ein Klavier oder ein Grammophon. Ich wurde von Tügel zum Tanzen aufgefordert. Ich mochte ihn nicht, doch war er auf seine Weise genial und daher bei vielen Worpswedern sehr beliebt. Er spielte glänzend Klavier. Seine frühere

Art zu zeichnen und zu malen gefielen mir auch. Als mein Mann und ich mit Vater einige Jahre vor dessen Tod, zum »Haus am Weyerberg« gingen, um dort Kaffee zu trinken, saß Tügel an einem Tisch mit einer jungen, üppigen Dame. Mein Vater war gar nicht entzückt, als wir aufgefordert wurden, uns dazu zu setzen. Mir war unsympathisch, daß Tügel damit protzte, dies sei seine sechste Frau, was wohl auch stimmte. Einige Jahre lebte auch sein Bruder Ludwig in Worpswede. Er war Schriftsteller und ruhig, zurückhaltend und sympathisch, wie auch seine Frau. Paul Schroeter war ähnlich vielseitig wie Tügel; auch er konnte gut Klavier spielen und sang zur Gitarre. Seine Frau hatte eine sehr schöne, ausgebildete Stimme, und es war ein Genuß, die beiden begleitet von Ezzo, Duett singen zu hören. Schroeter blieb etliche Jahre in Worpswede, bis es ihn wieder nach Berlin zog, wo er bis zu seinem Tode als geschätzter Porträtmaler lebte. Wir sind oft zu Gast bei ihm gewesen. Davon zeugt noch jetzt ein Porträt, das Ezzo von mir gemalt hat und das in der Großen Berliner Kunstausstellung hing. Danach hat er es mir geschenkt mit einem kostbaren vergoldeten Rahmen. Es ist ein wenig in Anlehnung an die Mona Lisa entworfen. Zuerst machte er eine Photographie mit einem altmodischen Apparat, wo man beim Hindurchsehen unter einem großen, schwarzen Tuch verschwand. Dann brauchte man nur noch einige Male Modell sitzen. Ich bin allerdings viel üppiger dargestellt, als ich tatsächlich war. Der Hintergrund bestand aus Himmel mit Wolken, dann in der Ferne der Weyerberg mit Kirche, und schließlich noch ein Stück Hamme und Moor. Das Bild ist mir all die Jahre ein schönes Erinnerungsstück geblieben.

Karl Krummacher, Worpsweder Kirche, 1938

Künstlervolk

Viele, heute sehr bekannte Maler verkehrten bei uns. Wir gehörten zwar nicht zu dem berühmten Kreis der »Familie«, aber es ging doch sehr gesellig bei uns zu. Der Maler Georg Tappert war oft bei uns. Er wohnte schräg gegenüber bei Mahnkens, die noch ein schönes altes Bauernhaus hatten, und lebte mit einem Fräulein Rosnowska zusammen, die eine sehr üppige »Rubenssche Schönheit« war. Uns Kinder interessierte vor allem ihr großer Bernhardiner, den wir sehr bewunderten.
Mit Tappert verband uns eine wirkliche Freundschaft, und wir bedauerten es alle, als er wegging. Er war früher Schneider gewesen und hat meiner Mutter ein wunderschönes Kleid aus grünem Rippensamt genäht. Mein Vater hat sie darin gemalt, im Garten sitzend mit einem Strohhut, von dem lange Bänder herabfielen, und einem

Sonnenschirm. Das Bild könnte an einen französischen Impressionisten erinnern. Es hing die ganze Zeit, solange das Overbecksche Haus bestand, auf halber Treppe nach oben und ist jetzt im Besitz meines Bruders.

Nach Tappert wohnte ein Herr Veeh bei Mahnkens, ein Fabrikant von Trikotagen aus Apolda, der sehr menschenscheu war. Er kam nur in der Dämmerung zu uns. Mit außerordentlichem Geschick hat er uns eine hübsche Laterne aus Messing gemacht, mit einem durchbrochenen, gewölbten Oberteil, die im Flur an einer Kette von der Decke herabhing. Im Hauptteil hatte er kunstvoll Butzenscheiben eingefügt. Erst 1918, als wir endlich elektrisches Licht bekamen in Worpswede, wich sie einer Glühbirne.

Herr Veeh trug immer einen alten, schwarzen Filzhut, den er sorgfältig auf dem Kopf so zurechtbog, daß eine Halbkugel entstand. Jedesmal, wenn er bei uns den Schlapphut auf die Truhe im Flur legte, konnte ich es nicht lassen, ihn wieder einzudrücken. Dann war Herr Veeh sehr traurig und fragte, wer das wohl immer tue. Später ging Herr Veeh nach Apolda zurück, übernahm wieder die Leitung seiner Fabrik.

Bremen

Nun kam die Zeit, wo wir uns für einen Beruf entscheiden mußten. Meine Mutter wünschte sehr, daß ich Gärtnerin werden sollte, und die Eltern sprachen darüber mit Herrn Riggers, dem Sohn des Hauptlehrers, der später Direktor des Bürgerparks wurde. Um eine richtige Ausbildung zu bekommen und später staatlich diplomierte Gartenmeisterin zu werden, mußte ich erst drei Jahre bei einem Gärtnermeister lernen und dann zwei Jahre eine Gartenbauschule besuchen, die man mit einer Prüfung abschloß. Durch Empfehlung kam ich als Lehrling in die Gärtnerei Heincke in der Humboldtstraße in Bremen. Es waren noch schlimme Zeiten mitten im Krieg. Meine Schwester wollte auf die soziale Frauenschule und mußte ein halbes Jahr praktisch in einem Säulingsheim arbeiten. Wir wohnten bei zwei alten Großtanten in der Lübeckerstraße. Morgens um 7 Uhr mußte ich meine Arbeit antreten. Außer mir und noch einem Mädchen waren nur männliche Lehrlinge dort. Der alte Heincke nahm uns besonders hart ran. Wir mußten die Gewächshäuser fegen, gießen und in den Freibeeten umgraben. Alle vierzehn Tage auch sonntags gießen, was einige Stunden in Anspruch nahm. Abends fiel ich todmüde ins Bett.
Ein Frauenarzt, der Kinderlähmung gehabt hatte und deshalb nicht wie alle anderen jüngeren Ärzte im Felde war, hielt Vorträge über »Die Entwicklung des Menschen«. Das interessierte uns, denn wir wurden damals nicht, wie heute üblich, in der Schule aufgeklärt. Annemarie hörte aufmerksam zu, aber ich schlief meistens dabei ein. Samstags fuhren wir mit dem Rad nach Hause und sonntags am Nachmittag wieder zurück nach Bremen. Die Ernährung war zu der Zeit ziemlich kärglich. Ich habe ein Vierteljahr durchgehalten, dann bekam ich eine Nierenentzündung, und unser Dr. Steingröver sagte,

ich könne den Beruf nicht weiter ausüben, er sei zu anstrengend für mich. Ich war erleichtert! Gern hatte ich die Gärtnerarbeit nicht gemacht, zumal mit uns beiden Mädchen viel geschimpft wurde. Herr Heincke sagte einmal zu mir: »Eher lernt man einer Kuh das Tanzen als Ihnen das Umgraben.«
Nun ergab es sich, daß Professor Kleinhempel, der Direktor der Kunstgewerbeschule in Bremen, als Sachverständiger aufs Land fuhr, um zu prüfen, ob die Messing-, Nickel- und Silbergegenstände, die man damals abgeben mußte für den Krieg, künstlerischen Wert besaßen. Unser schöner Messingmörser mit Stößel hielt dieser Prüfung stand, und wir konnten ihn behalten. Er stammte noch aus dem Besitz meiner Großmutter. Bei der Gelegenheit fragte er mich, ob ich nicht auf die Kunstgewerbeschule wolle. Meine Eltern waren einverstanden, und im Frühjahr 1918 wurde ich angemeldet.
Ich wohnte zunächst im Josefinenheim, dem ehemaligen Pfarrhaus von St. Ansgari, wo mein Ururgroßvater Friedrich-Adolf Krummacher Pastor war.
Am ersten Tag hatte ich große Angst. Ich stand mit Reißbrett und Schiene vor dem Eingang zum Hauptsaal, dann kehrte ich wieder um. Am nächsten Morgen wagte ich mich hinein. Zuerst mußte man einen allgemeinen Kurs belegen. Später entschied ich mich für ornamentales Entwerfen und Graphik. Ich war damals noch ziemlich schüchtern und bewunderte die älteren Semester sehr, die alle schon etwas konnten. Wir mußten auch Naturstudien machen. Einmal in der Woche ging es entweder in den Botanischen Garten, wo wir Blumen, Bäume und Büsche zeichneten, oder in den Keller des heutigen Überseemuseum, wo allerhand Tiere waren. Meine Zeichnungen von Eidechsen und Feuersalamandern mit Kreide auf schwarzem Karton besitze ich heute noch. Langsam bekam ich mehr Zutrauen, und die von mir sehr bewunderte Lisa Harbers, die schon etwas länger da war, und Käte

Gertrud Hosenfeld-Krummacher in jungen Jahren

Dietz wurden meine Freundinnen. Sie sind es heute noch. Später kam Paula Vollmer hinzu und auch einige Jungen, wie Walter Müller, Werner Kleinhempel und Robert Köpke.
Als ich die Kunstgewerbeschule besuchte – Jossi Breling wohnte in Bremen – nahm ich die Klavierstunden bei ihr wieder auf. Ich verehrte sie sehr. Einmal veranstaltete sie einen Vorspielabend. Ich sollte »Ases Tod« von Grieg vortragen. Sie brachte mir Bach, Grieg und Chopin sehr nahe, die dann auch meine Lieblingskomponisten wurden. Eine Freundin von ihr, die Sängerin Cäcilie Betke, die damals einen guten Namen hatte, gab in der Zeit, als ich in Bremen war, ein Konzert. Jossi Breling begleitete sie, und ich durfte umblättern. Ich hatte große Hemmungen. In der Pause, als begeistert geklatscht wurde, ging zuerst Cäcilie Betke, dann Jossi Breling und ich als letzte aus dem Saal in ein Nebenzimmer. Ich kam mir vor wie ein Trampel, aber Jossi Breling war mit meiner Umblätterei zufrieden.
Robert Köpke war oft Gast bei uns in Worpswede. Er spielte gut Geige, und ich begleitete ihn auf dem Klavier. Hans Saebens studierte im letzten Semester in Bremen als ich dort war. Ende des Krieges und noch lange Zeit danach war das Essen ziemlich kläglich. Wir aßen im Vegetarischen Restaurant, gleich um die Ecke an der Obernstraße. Meistens war es Grießbrei, denn den gab es ohne Marken. Damals kamen die Schüttelreime auf, und wir überboten uns darin. Wenn ich sagte: »Diese Grießspeise ist nur für Spießgreise«, antwortete Köpke: »Von diesem Maisgrieß wird jedem Greis mies.« Es steckte so an, daß mein Vater auch tüchtig schüttelreimte. Dann kam auch Walter Müller an unsere Schule, und wir wurden gute Freunde. Einmal im Sommer, es muß 1919 gewesen sein, lud ich alle zu einer fröhlichen Hammefahrt ein. Mit dem Motorboot ging es zu Mutter Puff, die wirklich so hieß, zur zweiten Hammehütte vor Osterholz nach der ersten

Die beiden Vogeler-Töchter Mieke und Martha im Kreise von Annemarie und Gertrud Krummacher.

Buschkaroff. Herr Puff war der Inhaber des Bootes. Es war schönes Wetter, und nach dem Baden lagerten sich alle auf der Wiese. Wir waren fünf: Annemarie, Lisa Harbers, Paula Vollmer, Walter Müller und ich. Welcher Teufel mich ritt, weiß ich nicht, aber ich sprang über die vier Liegenden mit einem Satz hinweg, nur zu kurz. Ich fiel wie ein Sack um. Annemarie hatte ich an der Wade getroffen und mir selbst den Knöchel gebrochen.
Unser schöner Ausflug war jäh beendet. Mutter Puff rief bei einem Bauern an, denn wir mußten ja erst einmal bis Neu-Helgoland gestakt werden. Ein Ackerwagen mit Pferd stand dort schon bereit. In einem fürchterlichen

Gewitter mit dem oft scheuenden Pferd war die Heimfahrt sehr aufregend. Walter Müller hat später einen Linolschnitt davon gemacht. Der. Arzt Dr. Steingröver konnte erst am nächsten Tag den Knöchel in Gips legen, weil er zu geschwollen war. Drei Wochen mußte ich zu Hause bleiben. Als ich dann wieder nach Bremen kam und am Stock humpelte, schnitzte mir Werner Kleinhempel »Trude« in den Griff. Ich habe ihn noch heute; er weckt in mir Erinnerungen an glückliche, unbeschwerte Zeiten. Wir verloren uns aber bald aus den Augen. Walter Müller blieb mein Freund. Er besuchte uns oft in Worpswede. Ich habe wohl den Grundstein dafür gelegt, daß er später ständig dort lebte.
Am Samstag fuhr ich meistens abends mit dem Rad nach Hause. Es herrschte ja noch Krieg, und man mußte ohne Beleuchtung fahren. Ich wundere mich noch heute, daß es mir gelang, trockenen Fußes durch das Lilienthaler Gehölz zu kommen. Dort gab es nämlich einen Bach, über den ein kleiner Steg führte. Aber es glückte mir, jahrelang. Im Sommer, wenn der Mond so schön schien, sang ich auf meinem Weg das schöne Lied von Eichendorff: »Es war, als hätt ́der Himmel die Erde still geküßt ... Und meine Seele spannte weit ihre Flügel aus, flog durch die stillen Lande, als flöge sie nach Haus«. Man ist einfach glücklich gewesen und zufrieden mit allem, wie es nun einmal war.

Wandervogel

Annemarie freundete sich in der sozialen Frauenschule mit Trude Brinkmann an, die auch oft zu uns kam. Ihre Schwester war im Wandervogel, und durch sie trat auch ich ein. Im Sommer machten wir eine Fahrt an die Ostsee, um eine Kameradin, die in Greifswald studierte, zu besuchen. Wir fuhren mit der Bahn über Güstrow-Pasewalk. Jeder mußte eine Menge mitschleppen. Ich hatte von Mutter eine Konservendose Graupen mit Pflaumen bekommen, die ich in Pasewalk leer zurückließ. Wie wanderten alle in Holzsandalen. In Rügen bettelten wir uns bei den Bauern Kartoffeln zusammen, und als Entgelt sangen wir für sie Lieder zur Gitarre. Abwechselnd trugen wir den großen Kochtopf über dem Rucksack. Am Waldrand oder am Strand suchten wir uns Reisig und Holz, machten ein Feuer und kochten unsere magere Mahlzeit. Wir durchwanderten ganz Rügen und schliefen im Heu. Später ging es per Schiff zu der Insel Hiddensee, dann zu Fuß nach Vitte. Der Bürgermeister war ein guter Mensch, er trommelte alle Bauern zusammen, und wir gaben ihnen mit Gitarren und Gesang ein schönes Konzert, meistens Lieder aus dem »Zupfgeigenhansel«. Die Bauern freuten sich über die Abwechslung und spendierten uns reichlich Brot, Butter, Milch und Wurst. Wir waren glücklich, uns wieder einmal an so herrlichen Sachen richtig sattessen zu können.

Am nächsten Tag, auf dem Schiff nach Stralsund, sangen wir wieder die schönen alten Volkslieder, und auch dort gab es wieder nette Leute, die uns Brot und Marmelade schenkten. Jeder mußte damals alles zum Essen mitnehmen, einen Speiseraum gab es nicht im Schiff.Ich habe noch manche Wanderfahrt von Bremen aus ins Oldenburgische mitgemacht, aber diese ist mir in unvergeßlicher Erinnerung.

Einmal kamen auch Wandervögel nach Worpswede, und wir führten im Saal von »Stadt Bremen« Volkstänze auf, worüber dann die Zeitung berichtete.
1918, als der Krieg zu Ende war, wohnte ich wieder mit meiner Schwester zusammen in der Parkstraße. Ich bekam die sogenannte »spanische Krankheit« mit hohem Fieber – der Name »Grippe« kam erst später auf. Annemarie kam täglich heim und erzählte von den meuternden Matrosen und auch Offizieren und von den schweren Schießereien bei Hillmanns Hotel an der Contrescarpe. Ich nahm alles nicht so recht wahr, es geisterte nur durch meine Fieberphantasien. Lange konnte ich mich nicht erholen.
Damals wurden Bremen und Worpswede kommunistisch. Wirtschaftlich änderte sich nach dem Kriegsende nicht viel. Es blieb auch weiterhin bei Lebensmittelkarten, Gut, daß wir unsere Ziege noch hielten, so hatten wir doch wenigstens Milch.
Schlachter Abraham war ein gutmütiger Mann. Wenn ich bei ihm einkaufte, blinzelte er mich an und fragte: »Wieviel Fleischkarten hast Du, Trude? Sechs?« Ich nickte, es waren aber nur fünf. Frau Abraham und Henny sahen sehr hübsch aus. Henny heiratete einen Herrn Goldschmidt, der sich gegenüber dem Schlachterladen ein Stoffgeschäft einrichtete, das trotz der Konkurrenz von Stolte und Garmann gut zu gehen schien.

Der Verschönerungsverein

Ob die Maler es für nötig hielten, etwas für die Verschönerung von Worpswede zu tun, weiß ich nicht mehr, aber höchstwahrscheinlich ist der Verein entstanden, nachdem die »Vereinigung Worpsweder Künstler« sich aufgelöst hatte. Verschiedene Mitglieder waren ausgetreten, als erster Carl Vinnen.

Dem Verschönerungsverein traten alle Worpsweder bei. Heinrich Vogeler wurde 1. Vorsitzender. Er hatte dieses Amt nur einige Jahre inne, dann übernahm es mein Vater und behielt es lange Zeit. Es sollte auch etwas für den Fremdenverkehr getan werden. Deshalb machten die Worpsweder Werkstätten, die Vogelers Bruder, Franz Vogeler, in Tarmstedt leitete, Bänke, die an markanten Plätzen auf dem Weyerberg und auch bei der damals einzigen Apotheke, der »Lindenapotheke«, gegenüber dem Kriegerdenkmal aufgestellt wurden. Sie waren hübsch und weiß. Mein Vater schrieb Verse, die er auf die Lehnen malen ließ. Mir sind noch zwei in Erinnerung: »Wurstpapier und Zeitungsfetzen können die ganze Landschaft zersetzen« und »Gehört Papier wohl in die Landschaft? Nein. Drum steck es zu Dir oder grab es ein«. Später wurden noch Papierkörbe daneben gestellt. Unter dem Nachlaß meines Vaters fand ich noch folgendes handgeschriebenes Dokument:

Die Maler kümmerten sich auch um die Fortbildungsschüler. Neben Heinrich Vogeler hauptsächlich Fritz Mackensen, mein Vater und vielleicht noch Hans am Ende. In Frage kamen vor allem Tischler- und Malerlehrlinge. Unser Vater war also viel beschäftigt mit allem, was das Dorfgeschehen betrug.

Künstlerfeste

In der Kunstgewerbeschule wurden Künstlerfeste gefeiert, von denen ich zwei miterlebte. Eins in den Jakobihallen »Worphude« und eins in Borgfeld an der Wümme. Als ich bei einem solchen Anlaß auf dem Klavier die »Morgenstimmung« von Grieg vortrug, trat ein junger Mann auf mich zu. Es war der Lautenkomponist und Wandervogel Ernst Duis. Alle meine Wandervogelkameradinnen schwärmten für ihn und sangen seine schönen Lieder.
Zukünftige Architekten von unserer Schule hatten einen Zigeunerwagen gebaut, ohne Räder und ohne Boden, den sie durch die große Tür hereintrugen, wobei ihre Beine unter dem Wagen heraussahen. Ich selbst habe mich als altes »Malweib« mit schwarzen Gewändern meiner Großmutter verkleidet. Durch einen rahmenförmig zugeschnittenen Karton schaute ich mir die Motive an, so, wie es mein Vater machte, wenn er einen Ausschnitt von einer Landschaft suchte. Als ich in meinem schwarzen Taftkleid an einem Tisch vorbeirauschte, an dem ein älterer Herr saß, fragte er mich: »Wat bist Du denn for een?« und ich antwortete, »Eck bün Krummoker sin.« Da gab er sich zu erkennen als »Roselius von Kaffee Hag« und sagte, in seiner Privatgalerie am Osterdeich habe er vier Bilder meines Vaters. Unsere lange Unterhaltung hat mir viel mehr Spaß gemacht als das Tanzen.

Einladung zum Künstlerfest. Entwurf: Walter Müller

Lüneburg

Im geräumigen Atelier im Pagelunenhoff wurde oft Akt gezeichnet. Dazu fanden sich allerhand junge Künstler, Schüler und Schülerinnen meines Vaters ein. Unter ihnen war Fräulein Enkhausen aus Lüneburg. Sie riet meinen Eltern, ich solle doch als Volontärin in der Tapetenfabrik ihres Bruders anfangen, nachdem ich 1921 die Kunstgewerbeschule mit gutem Abgangszeugnis verließ. Mein Vater willigte ein. Ich hatte mich ohnehin am meisten mit ornamentalem Entwerfen bei Professor Kleinhempel beschäftigt, und Grafik, wie die meisten anderen, bei Willy Menz nur nebenbei studiert. Kunstschrift lernte ich allerdings gut bei ihm, und einen der schönen Sprüche in Gotischer oder Schwabacher Schrift habe ich heute noch: »Wer sich nähert, den stoßt nicht zurück, und wer sich entfernt, den haltet nicht fest, und wer wiederkommt, den nehmt auf, als wenn er nicht weggewesen wäre« (Goethe).

Mein Vater und ich fuhren mit dem Rad durch die Lüneburger Heide nach Lüneburg. Besonders in Erinnerung geblieben ist mir eine Fahrt am Abend durch den Totengrund. Der Hügel mit den vielen Wacholdern im Mondschein war ein wunderbarer Anblick. In dem Wirtshaus, in dem wir übernachteten, konnten wir lange nicht einschlafen, weil im Saal neben unserem Zimmer Tanz mit lauter Musik war.

Am nächsten Tag wurden wir in Lüneburg sehr herzlich empfangen. Vater fuhr mit der Bahn zurück, und ich zog in ein Zimmer der drei Töchter, die in einem Pensionat waren. Hochherrschaftlich ging es in der Villa zu. Um die große Eingangshalle führte im ersten Stock ringsum eine Ballustrade, wo die Schlafräume lagen. Mittags versammelte sich die ganze Familie im Speisesaal. Der Sohn wohnte in einem separaten Haus nebenan; weil seine

Frau jedoch wegen der Geburt eines Kindes in der Klinik lag, aß er im Elternhause mit uns. Er war ein Spaßvogel, der mich oft neckte. Nach dem Essen gingen die Herren ins Rauchzimmer und tranken dort ihren Kaffee. Ich hatte eine Stunde frei.

Fräulein Enkhausen entwarf die Tapeten und ich sollte sie kolorieren. Aber zunächst sah ich mich um und lernte, wie Tapeten fabriziert werden. Eine wichtige Aufgabe hat der Walzenstecher. Er muß das Muster mit lauter kleinen Nadeln versehen und dabei berücksichtigen, daß die große Walze infolge ihrer Rundung größer als das entsprechende Muster später auf den Tapetenrollen erscheint. Ein freundlicher junger Angestellter erklärte mir alles gründlich.

Zum Abschied kauften Enkhausens von mir eine selbstentworfene Tapete, aber wohl nur der Form halber, denn ich glaube kaum, daß sie dieses Muster jemals verwerten konnten. Noch während des Krieges kam der Expressionismus auf, und meine Tapete wurde modern. Ich erinnere mich gern an die Zeit in der Fabrik, denn alle waren nett und gastfreundlich zu mir.

Zwischen Kunst und Musik

Als ich wieder zu Hause war, nahm ich mir vor, gründlich Porzellanmalerei zu lernen. Eine ältere Mitschülerin hatte im Souterrain eine Werkstatt. Wir brachten die Dinge, die wir dort gemalt hatten zu unserem Porzellanbrenner in der Nachbarschaft der Kunstgewerbeschule. Bei ihm lernten wir die Technik ebenso gründlich.

Hier habe ich viel mit Poliergold gearbeitet und Muster mit Gold zwischen den Farben vervollkommnet. Fast ein Jahr blieb ich dort. In der Werkstatt war es sehr gemütlich. Außer dem alten Mann arbeitete noch ein ehemaliger Postbeamter mit, der sich jedoch auch auf Porzellanmalerei verstand. Wir rieben die Farbe immer selbst auf einer Glasplatte mit Dicköl und Terpentin, manchmal taten wir auch einige Tropfen Nelkenöl hinzu. Ich habe gut verkauft, sowohl in den »Vereinigten Werkstätten« als auch in der Kunsthalle bei Philine Vogeler. Sie hat mir in der schlimmsten Zeit sehr geholfen, weil doch bei ihr ein großes, internationales Publikum ein- und ausging. Als ich vor einigen Jahren wieder einmal in Worpswede war und wie immer meine Schulkameradin Adele Behrens besuchte, schenkte sie mir drei Mokkatassen, die sie bei Philine Vogeler gekauft hatte. Ein ganzes Geschirr schickte ich früher einmal als shipsparcel durch den Norddeutschen Lloyd zu einer Ausstellung nach Amerika. Dort sollte deutsches Kunstgewerbe gezeigt werden. Bei einem großen Sturm über dem Atlantik ging das Geschirr entzwei. Das war sehr schmerzlich für mich, auch wenn der Norddeutsche Lloyd den Schaden ersetzte.
Dann zog ich wieder in Worpswede, hielt aber die Verbindung zu meinen vielen Bremer Freunden aufrecht. Hans Wrede, ein ehemaliger Student der Kunstgewerbe-

Karl Krummacher, Skizze eines alten Mannes, Bleistift, ca. 1897

schule bat mich, von ihm gedrechselte Holzteller zu bemalen, was ich auch gern tat. Er schenkte mir als Dank ein weißes Keramikgänschen mit grünem Sockel, das ich noch heute als Bücherstütze verwende.

Erste Liebelei

Meine Schwester verliebte sich 1919 auf einer Fahrt der »Landsgemeinde« (das waren die älteren Wandervögel) in Wilm Hosenfeld, und die beiden verlobten sich ein halbes Jahr später. Es war gerade die Zeit,als ich mein Bein gebrochen hatte, und so konnte mich Wilm nur im Bett liegend begrüßen. Wir fanden uns beide gleich sympatisch. Ich hatte ihn und seinen Bruder schon auf einem Foto gesehen, das von einer Cousine meiner Mutter in Weimar aufgenommen worden war. Der Bruder gefiel mir gleich sehr gut. Pfingsten heirateten Annemarie und Wilm. Ich erinnere mich noch ganz genau, daß ich gerade am Tag davor im Garten beim Spargelschälen saß, als ein junger Mann mit einem Satz über die Gartenpforte sprang. Das war der Bruder Martin. Mir blieb beinahe das Herz stehen! Er war dann mein Tischherr. Die Trauung fand nach dem Essen in der katholischen St. Johanniskirche in Bremen statt. Zum Kaffee wurden wir bei Frau Gunkel, meiner Wirtin in Bremen und Witwe eines ehemaligen Lehrers an der Kunstgewerbeschule, eingeladen. Es war Abend, das Brautpaar hatte ein Hotel am Bahnhof aufgesucht. Martin und ich waren zu Fuß zu meinem Quartier gegangen, doch als wir bei Gunkels ankamen, öffnete uns niemand. Wir warfen Steinchen ans Fenster, aber es nützte nichts. Wir fuhren zum Bahnhof zurück, wo Martin in dem gleichen Hotel wie Wilm und Annemarie abgestiegen war. Er überließ mir sein Zimmer und ging selbst in den Wartesaal, wo er die Nacht verbrachte. Am anderen Morgen weckte ich ihn. Er saß am Tisch und schlief, den Kopf auf seinen verschränkten Armen. Dann kam auch das junge Paar, das von alledem nichts gemerkt hatte. Wir beiden Schwestern verabschiedeten uns tränenreich, und dann fuhren alle drei nach Fulda. Das war im Jahre 1920.

Karl Krummacher, Studie eines jungen Mädchens.

1921 bekam Annemarie im Februar einen Sohn, Helmut. Wilms Bruder Martin und ich wurden zur Taufe eingeladen und sollten Paten sein. Da meine Schwester noch etwas geschwächt war, bot ich ihr an, schon etwas eher zu kommen und ihr zu helfen. Damals konnte sich ein Lehrer nicht viel leisten. Eine Schülerin half beim Reinemachen. Ich übernahm den Haushalt, obgleich ich mit meinen 21 Jahren nicht sehr begeistert von solcher Arbeit war. Nur das Kochen machte mir Spaß. Martin kam nur zu den Osterfeiertagen und half mir beim Abtrocknen des Geschirrs. In Roßbach, nahe der bayrischen Grenze, war damals in einem kleinen Schulhaus alles noch recht primitiv. Es gab nur Petroleumlampen; elektrisches Licht wurde gerade erst im Dorf gelegt. Abends blies Martin die Lampe in der Küche aus und sagte: »Ein jeder Jüngling hat nun mal 'nen Hang zum Küchenpersonal.«

Allerlei Anstellungen und Reisen

Im Jahre 1921 ging ich auf Anraten von Professor Kleinhempel nach Leipzig, um bei einem Herrn Hiemann in der Deutschen Textilen Kunst Tapeten und Stoffe zu kolorieren. Mit seinem Großhandel war er sozusagen Vermittler zwischen Entwerfern und Fabriken. Ich wurde für ein Vierteljahr verpflichtet, denn nur so lange wird in den Tapetenwerken gemustert; die übrige Zeit werden die Vertreter zu den verschiedenen Abnehmern geschickt, und die Fabrik befaßt sich mit der Herstellung älterer Muster. Nach Beendigung der Kolorierungsarbeit blieb ich noch acht Tage bei Herrn Hiemann, um für ihn einige Vasen aus Pozellan zu bemalen. Dann ging es heim über Dresden, wo ich die liebe Tante Thienemann besuchte, und über Dessau. Hier suchte ich die alten Schwestern von Kügelgen, Töchter von Wilhelm von Kügelgen und seiner Frau Julie, geborene Krummacher, auf. Julie wurde 104 Jahre alt und starb 1909. Man erzählte mir über sie die folgende Anekdote: Auf dem Dach ihres Hauses in der Altstadt von Dessau wurden Stangen mit Drähten und Isolatoren für das Telefon errichtet. Tante Julchen, wie sie von allen Verwandten genannt wurde – sie war damals wohl hoch in die neunzig – fragte, was das Hämmern auf dem Dach zu bedeuten habe. Ihre Töchter erklärten ihr, man könne durch die Drähte, die dort befestigt würden, mit weit entfernten Menschen sprechen. Da sagte Tante Julchen: »Das muß aber doch sehr anstrengend sein, da oben hinaufzusteigen aufs Dach, um mit anderen Leuten zu reden.«

Von Dessau gings nach Hannover. Ich besuchte alte Bekannte dort, zum Beispiel den Gründer der ersten Apotheke in Worpswede, Herrn Haspelmath. Seine »Lindenapotheke« lag an der Ecke der Bergstraße, neben der »Insel«. Bei Pastor Röhrbein, der mich konfirmiert hatte,

fand ich gastfreie Unterkunft.
Zuletzt suchte ich in Hannover noch Oberstleutnant von Kügelgen (man spricht den Namen »Kügelchen«) auf. In Lüneburg hatte ich ihn schon aus respektvoller Entfernung gesehen bei einem Besuch Hindenburgs, dessen Adjutant er war. Ich wurde sehr herzlich aufgenommen und erinnere mich noch an seine reizende Frau und ihre beiden hübschen Söhnchen. Von Kügelgen zeigte mir das Original der »Jugenderinnerungen eines alten Mannes«; dieses Buch war so berühmt geworden, weil es die Zeit des Biedermeier einzigartig schildert, wie es sonst nur noch die Romantiker, wie Caspar David Friedrich und andere in ihren Bildern taten. Der einzige Sohn Wilhem von Kügelgen fiel im Krieg 1866; seine Schwester heiratete Pastor Julius Krummacher, und so ist ein Zweig der Familie Krummacher in Kassel doppelt mit Kügelgens verwandt. Wilhelm von Kügelgen war in Dresden mit vielen bekannten Künstlern befreundet, unter anderem auch mit Ludwig Richter, der sich durch seine Illustrationen von Märchen einen Namen gemacht hatte.

Wieder mal zu Hause

Dann trat ich die Heimreise an, vollgepropft mit Erlebnissen. Hätte ich nur damals Tagebuch geführt! Wieder in Worpswede, malte ich fleißig Porzellan und gab Klavierstunden, natürlich nur für Kinder. Fritz Toeppe, der Sohn von Malermeister Toeppe, war mein Schüler und erwies sich als recht begabt. Er ist später nach Amerika gegangen und leitete dort eine Band. Auch Sohn und Tochter des damaligen Gendarms Winkler hatten Freude am Klavierspielen, und die Eltern waren sehr stolz, als die beiden zu Weihnachten ein Stück vierhändig vortrugen, das ich mit ihnen einstudiert hatte. Aus Dankbarkeit bestickte die Tochter zu meiner Hochzeit die ganze Aussteuer mit meinem Monogramm. Bald danach zogen sie fort und ein anderer Gendarm rückte an Winklers Stelle.
Zu der Zeit lernte ich die junge Volksschullehrerin Fräulein Seebaß kennen. Wir freundeten uns sehr an, und durch sie fand ich auch den Weg zurück zur Kirche. In vielen Familien verlieren Menschen den Kontakt zur Religion, wenn sie als Kind zuoft zum Kirchgang angehalten wurden. Meinem Vater, der der Sohn eines Superintendenten war, ging es so, und er legte keinen Wert darauf, daß wir zur Kirche gingen. Als meine Großmutter jedoch zu uns nach Worpswede zog – wir nannten sie die »Elberfelder Großmutter« im Gegensatz zur »Weimarischen«) hielt sie jeden Morgen eine kleine Andacht ab und las dabei aus einem Büchlein »Losungen und Lehrtexte«, mit frommen Sprüchen für jeden Tag. Wir mußten auch einen Gesangbuchvers singen. Zu diesen Andachten kamen in den großen Ferien Eduard und Fränzchen Vogeler, die in der von Monsees gebauten Villa wohnten, in die später Zahnarzt Monsees, der Bruder des Hofbesitzers, zog, und wo er auch seine Praxis hatte.
Eduard und Fränzchen versäumten keinen Morgen die

»Villa Hartmann«, von der Hembergstraße aus gesehen.

schon um halb acht Uhr beginnende Andacht. Sie waren fasziniert, weil es so etwas in ihrem Hause nicht gab. Natürlich spielten sie auch gern mit uns in dem großen Garten, auch wenn sie einige Jahre jünger waren als wir. Die Großmutter zog mit uns in das Overbecksche Haus, und da waren die Vogeler Jungen nicht mehr dabei, wenn sie ihre Andachten abhielt. Als sie nach Münster zu ihrem älteren Sohn übersiedelte, ließ sie einen gerahmten Tagesspruch in Kreuzstich zurück: »Es ist ein köstlich Ding, geduldig zu sein und auf die Hülfe des Herrn zu hoffen«, der bis zum Tode meines Vaters bei uns an der Wand hing.

Durch Fräulein Seebaß und hauptsächlich auch durch Jossi Breling war ich eine große Bach-Anhängerin geworden, so daß ich ihn auch einmal auf der Orgel spielen wollte. Angeregt wurde ich jedoch vor allem hierzu durch Lehrer Fittschen aus Waakhausen, der Organist in Worpswede war. Er spielte hervorragend Orgel. Einmal erklang nach dem Gottesdienst die berühmte Toccata und Fuge von Bach, aber das verstanden die Moorbauern nicht. Sie sagten: »Dat is jo, wie wenn die Musik vom Karussel speelt.«

Ich habe einige Stunden bei ihm gehabt. Ein Junge mußte den Balg treten, denn für 50 Pfennig fand sich immer einer. Ich hoffte, mich nun im Orgelspielen vervollkommnen zu können, doch nach einiger Zeit macht mir der Kirchenvorstand einen Strich durch die Rechnung: Frauen dürften nicht in der Kirche die Orgel spielen. Damit war meiner Begeisterung ein jähes Ende gesetzt.

Gerd Krummacher mit Freund Hugo beim Milchholen

Vom Weben mit Mieke

Ich blieb nun auch nicht mehr lange in Worpswede. Herr Menz, unser Graphiklehrer, fragte an, ob ich nicht Lust hätte, mit mehreren ehemaligen Schülerinnen der Kunstgewerbeschule nach Engen im Hegau, einem kleinen vulkanischen Gebirge, in eine Teppich-Knüpferei und-Weberei zu gehen. Einige waren schon vorausgefahren, ich kam mit Mieke Vogeler, mit der ich mich inzwischen sehr gut angefreundet hatte, nach. Sie hatte, bevor sie zur Kunstgewerbeschule ging, gründlich das Goldschmiedehandwerk bei Brinkmann & Lange gelernt. Es war Herbst 1922. Zunächst ging ich aber mit meinen Bremer Freundinnen zu einem Friseur, den wir zu Hause ja nie gebraucht hatten, um mir die Haare abschneiden zu lassen. Aus Paris war soeben der »Bubikopf« bei uns aufgekommen, und ich habe wohl damals in Bremen zu den ersten gehört, die einen Bubikopf bekamen. Jede Strähne, die fiel, erregte Freudengeheul, und im Triumpf verließen wir den Friseursalon.

Mieke Vogeler und ich fuhren schon abends mit der Kleinbahn von Worpswede nach Bremen, um dort den Zug nach Basel zu erreichen. In Offenburg, schon mitten im Schwarzwald, mußten wir umsteigen und hatten Zeit genug, uns etwas in dem Städtchen umzusehen. So weit waren wir beide noch nicht nach Süden gekommen. Zur festgesetzten Zeit, am frühen Nachmittag, stiegen wir unserer Meinung nach in den richtigen Zug und genossen die schöne, uns fremde Landschaft.

In Appenweiler sagte einer der Mitreisenden:»Dort in der Ferne liegt Straßburg und das Münster«, und tatsächlich konnten wir am Horizont den Turm erkennen. Ahnungslos fuhren wir weiter, bis es hieß:»Basel, Badischer Bahnhof, Endstation.« Ein freundlicher Stationsvorsteher besah sich unsere Fahrkarten und sagte, wir seien in

Die »Villa Hartmann« von Westen aus gesehen.

den falschen Zug gestiegen. Dann schrieb er uns eine Umwegkarte über Waldshut und Säckingen aus. Spät abends kamen wir in Engen an und übernachteten in einem einfachen Gasthaus neben dem Bahnhof. Am anderen Morgen fragten wir uns zu den Hegauer Werkstätten durch und dort wurden wir von den Mitschülerinnen stürmisch begrüßt. Sie waren schon am Nachmittag am Bahnhof gewesen, um uns abzuholen und ahnten nicht, daß wir solche Umwegfahrt machen würden. Uns beide hat es nicht gereut, haben wir doch auf diese Weise eine wunderschöne Landschaft kennengelernt und sogar einen Blick in die Schweiz geworfen.
Die Werkstatt mit den vielen Hochwebstühlen war in einem Saal im ersten Stock eines Gasthofes untergebracht. Ich mußte erst einmal zur Probe ein Band weben, während Mieke sich gleich an einen Läufer wagen durfte. Sie war wesentlich geübter als ich, denn nach der Scheidung von Heinrich Vogeler hatte ihre Mutter in Oma Kücks schönem Bauernhaus am Hemberg eine Webschule ein-

gerichtet. Das Haus steht nicht mehr, es ist später abgebrannt. Dann kam ich an einen Webstuhl, wo in der Art Perserteppiche geknüpft wurden. Die Muster gefielen mir nicht, sie waren mir zu naturalistisch, aber die Technik interessierte mich sehr. Wir wohnten überall verstreut bei einfachen Leuten, die sich freuten, noch etwas dazu zu verdienen. Eva Markus war bei einer Familie untergebracht, wo die Tochter wunderschön zur Zither sang und wir häufig zusammenkamen.
Ich schrieb meiner besten Freundin Paula Vollmer in Bremen, ob sie nicht auch Lust hätte herzukommen. Sie kam auch und dann wohnten wir zusammen in einem Zimmer.
Bald fanden sich auch weitere Freunde ein. In dem kleinen Städtchen waren wir etwas Besonderes, Neues. Jede von uns hatte einen Kavalier. Mieke war besonders begehrt wegen ihrer blonden Zöpfe. Als es Winter wurde, gingen wir zusammen rodeln. An einem Sonntag - die ganze Woche mußten wir ja arbeiten - fuhr mir auf unserer Rodelbahn ein Junge gegen mein Schienenbein. Es blutete, aber ich achtete nicht darauf und ging am anderen Morgen mit einem Leinenläppchen auf der Wunde in den Websaal. Das mußte ich schwer büßen. Ich bekam eine Blutvergiftung und der Arzt verordnete mir völlige Bettruhe. Meine Wirtin versorgte mich in dieser Zeit. Sonst wurden wir vom Gasthaus aus verpflegt. Das kleine Wirtstöchterchen kam jeden Mittag und sagte:»Sie möchte bitte gleich zum Esse komme.« Manchmal gab es Kutteln, »Kuttle«, wie es auf Badisch heißt.
Technisch haben wir allerhand gelernt, aber bezahlt wurden wir, wie überall, schlecht. Eva Markus war vor uns aus Bremen nach Engen gekommen. Alfred Lichtenford, mit dem sie damals schon befreundet war, arbeitete in der Nähe in Thalheim, wo Herr Gleiß, unser Chef, auch noch eine Töpferei besaß. Im Frühling waren wir bis auf einige wenige, die zum Stammpersonal gehörten, gekün-

digt. Es war mitten in der Inflation. Herr Gleiß gab uns gute Zeugnisse und schrieb, die Zuspitzung der Verhältnisse mache es ihm unmöglich, uns weiter zu beschäftigen. Eine unter uns war mit einer Familie in Oberstdorf befreundet und glaubte, diese würde uns ein paar Tage Gastfreundschaft gewähren. Unsere Fahrt mit dem Schiff über den Bodensee ist für mich noch in überwältigender Erinnerung. Unvergeßlich ist mir die Einfahrt in den Hafen von Lindau mit dem bayerischen Löwen und dem Leuchtturm geblieben. In Oberstdorf wurden wir fünf, Gundel Jäckel, Eva Markus, Paula Vollmar, Mieke Vogeler und ich sehr gastfrei aufgenommen. Wir waren froh, erst einmal ein Dach über dem Kopf zu haben. Unser nächstes Ziel war München. Gundel Jäckel blieb noch bei ihren Freunden, Mieke fuhr wieder nach Worpswede, und so blieben nur Eva Markus, Paula Vollmar und ich übrig. Paula und ich bekamen durch die Bahnhofsmission Unterkunft in der »Herberge zur Heimat« im »Verein für Freundinnen junger Mädchen« in der Landwehrstraße. Hier hausten wir einige Wochen in einem Schlafsaal mit etwa acht Mädchen und gingen von dort zur Arbeit. Paula fand eine Stellung in der Nymphenburger Gobelinmanufaktur, und ich kam in eine kleine Firma, wo wir auf Seide Muster malten, die unsere Chefin dann als Luxusware verkaufte, weil elegante Stoffe eigentlich nicht zu haben waren. Aber nach drei Wochen war auch das vorbei. Paula konnte ebenfalls nicht länger in der Gobelinmanufaktur arbeiten und entschloß sich, wieder nach Hause zu fahren. So blieben nur noch Eva und ich übrig. Eva kam in einer Stickerei unter; sie beherrschte das Sticken sehr gut und hatte in der Kunstgewerbeschule schon einmal einen Preis gewonnen.

Töpfern bei Anton Lang

Nun ging ich kurz entschlossen zu einem Vetter meines Vaters, Adelbert Niemeyer, Professor an der Kunstgewerbeschule. Er nahm mich in seinem Entwurfbüro auf und stellte mich dem damaligen Direktor, Professor Robert Engels, vor. Es gefiel mir sehr gut in der Richard-Wagner-Straße. Niemeyer machte damals die Entwürfe für die Nymphenburger Porzellanmanufaktur, die ich ausarbeitete, und mit seinen Innenarchitekturplänen befaßte sich ein junger Mann.
Niemeyer hat mit Riemerschmid und anderen die »Deutschen Werkstätten« gegründet. Ich sah später von ihm entworfene Möbel in der Wohnung von Carl Vinnen wieder. Er hatte sich ganz im Jugendstil eingerichtet. Auch bei Onkel Niemeyer konnte ich nicht lange bleiben. Nach einem Vierteljahr teilte er mir mit, daß er mich nicht mehr bezahlen könne. Nach Hause wollte ich aber nicht. So schlug er mir Oberammergau vor. Sein Sohn war dort in einer Holzschnitzerei tätig. Anton Lang, der Töpfermeister nahm mich auf ein Empfehlungsschreiben meines Onkels hin in seiner Töpferei an, wo er nur noch seinen Namen unter die Krüge und Teller kratzte, die sein Sohn hergestellt hatte. Mit einem Gummiball, der mit Farbe gefüllt war, bemalte ich die Gegenstände. Ich mußte die Entwürfe darauf spritzen, was mir auch bald gelang. Familie Lang brachte mich beim »Loane-Leisl« unter, einem kleinen Bauern, der so hieß, weil er an dem Flüßchen Leine, das durch Oberammergau fließt, wohnte. Mit dem Sohn, der auch in der selben Werkstatt arbeitete, verstand ich mich sehr gut. Er erzählte mir allerhand über Land und Leute und sagte, man nenne sie »Oberammer Gauner« oder »Oberammergeier«, was zum Teil wohl auch stimmte. Nach etwa einem Vierteljahr eröffnete mir Frau Lang, ich könne nicht länger bleiben, da sie

Karl Krummacher, Jungenkopf. Dargestellt ist hier der Sohn Gerhard, Gertruds Bruder.

nicht genug Arbeit für mich hätten. Da blieb mir nichts anderes übrig, als nach Hause zu fahren. Nun war ich wieder in Worpswede, malte fleißig Porzellan und stellte mit gutem Erfolg bei Philine Vogeler aus.

Als »Galeristin«

Die Seekamp-Ausstellung, die zeitweilig geschlossen worden war, wurde von dem Gartenarchitekten Max Karl Schwarz wieder eröffnet. Er wollte auch Kunstgewerbe in seinen schönen Räumen zeigen und wandte sich an mich, wegen meiner Beziehungen zu Kolleginnen und Kollegen aus der Kunstgewerbeschule. Wir besuchten Goldschmiedinnen, den Bildhauer Hans Wrede und andere. In der großen Halle waren die Worpsweder.

Damals gab es noch eine ganze Menge Bilder, allerdings unverkäufliche. Aber Mackensen, mein Vater, Bertelsmann, Carl Jörres aus Lilienthal, Weidemeyer, der das Emblem der Künstlervereinigung »Biene« entworfen hatte, und neu zugezogene Künstler füllten bald die Ausstellung. Herr Schwarz war viel unterwegs, und so mußte ich ihn oft vertreten, Eintrittskarten verkaufen und die Besucher herumführen. Sonst malte ich im Nebenzimmer Porzellan und Seidenbänder, die sich gut verkauften. Den Sommer und Herbst blieb ich, vielleicht auch bis zum Winterbeginn; aber die Räume waren nicht gut heizbar, und es kamen auch nicht viele Besucher.

Ich fuhr oft nach Bremen. An einem Wintertag kam ich erst abends bei der Kleinbahn in Osterholz-Scharmbeck an. Da hieß es, der Zug führe nur bis Ahrensfelde. Was tun? Ich hatte wieder Holzteller von Hans Wrede, die ich bemalen sollte und gebranntes Porzellan abgeholt. Außerdem war es bitterkalt. Walter Hundt und zwei Leute aus Weyermoor sagten: »Wir müssen zu Fuß heimgehen.« Also machten wir uns auf den Weg. Es war stockdunkel. Irgendwo zwischen Ahrensfelde und der Hammebrücke gab es neben der Straße einen Graben. Ich rutschte in das moorige, eiskalte Wasser. Bei der Hammebrücke bekam ich es mit der Angst zu tun. Nichts war beleuchtet. Von Schwelle zu Schwelle zu treten und unter

Bremer Nachrichten 15. Dez 1921

Kunstgewerbeschau der „Kogge" im Dürerhaus.

Es ist sicher ein Herzenswunsch vieler, der damit in Erfüllung ging, daß die Vereinigung der Schülerinnen und Schüler unserer Kunstgewerbeschule der Öffentlichkeit Gelegenheit gibt, etwas von ihrem praktischen Schaffen kennen zu lernen. Die Frühjahrs-Ausstellung an der Kleinen Helle war zu sehr Schulausstellung mit Für und Wider und mancher ungelösten Frage, mehr Ausstellung der Lehrkräfte als der Schüler. Hier nun in der Balgebrückstraße sprechen unsere jungen Kunstgewerbler für sich selbst, und was sie zu sagen wissen, klingt für den Anfang recht hoffnungsvoll. Wir begegnen manchem bekannten Namen, Künstlern und Künstlerinnen, die bereits Gelegenheit hatten, ihrer Schule Ehre zu machen. Fräul. Celtjen ist darunter und der Bildhauer Hans Wrede. Frl. Eva Marcus zeigt das wertvolle Kissen, mit dem sie in Lübeck einen Preis errang, eine Arbeit von auserlesenem Geschmack, vorzüglicher stilistischer Lösung und staunenswertem Fleiß. Ihr steht Hanna Jagels mit einer ähnlichen Schöpfung würdig zur Seite: ein Kissen mit lustigen Figuren, gleich ansprechend in der Erfindung wie in der Auswahl der Farben. An Tassen, Tellern, Schalen und Dosen ist eine reiche Auslese zusammengetragen. Hier scheint G. Krummacher an erster Stelle zu stehen; der große Teller mit dem in freiem Netz über die Fläche gelegten Figurenschmuck gehört sicher zu den besonders beachtenswerten Leistungen der Ausstellung. Dann G. Brockmann und Editha Beer; auch hier freigebige Phantasie, Sinn für Material und gute Technik. Viel Wert ist auf hübschen Schmuck gelegt; A. Wessels, dem ein Anhänger in Gold und blauem Email besonders geglückt ist, scheint viel zu versprechen, ferner H. Rolf, Niemann und Max Gedon. Einer besonderen Beliebtheit erfreuen sich die Versuche, Spielzeugfiguren auszusägen. Hier ist Walter Müller, Otto Haase, Schwarze und Petermann manches schalkhafte Stück gelungen. Von Petermann ist auch die große bemalte Schachtel mit der Weihnachtsdarstellung; wie hier die Einzelheiten, aus welchen sich das Erzählende des Inhalts zusammensetzt, als Schmuckwerte Verwendung fanden, ist meisterhaft. Auch W. Kleinhempel ist mit einer Arbeit dieser Art vertreten; nach dem, was man schon früher von dem-

Ein Bericht aus der Zeitung vom 15.12.21.

sich die Hamme fließen zu sehen, war unheimlich. Mein inzwischen steifgefrorener Mantel schlug mir gegen die Beine. In der Nähe von Weyermoor konnten wir den Weg abschneiden und brauchten nicht bis zum Bahnhof Worpswede zu laufen. Zu Hause hatten sich die Eltern schon Sorgen gemacht, als ich nach mehr als einer Stunde endlich ankam. Meine Mutter wollte mich gleich mit einem heißen Grog aufwärmen, verwechselte aber in der Aufregung den Rum mit Spiritus. Ich merkte es natürlich und wir haben alle tüchtig darüber gelacht.

Ich war weiter in der Kunstausstellung bei Herrn Schwarz tätig.

Eines Tages fand ich zu Hause einen Brief von Annemarie und Wilm vor. Als ich ihn öffnete lag darin ein Brief von Martin, in dem er schrieb: »Wenn Ihr ausfindig machen könnt, wo Trude zu finden ist, so teilt mir ihre Adresse mit, weil ich mich Weihnachten bei Euch mit ihr verloben möchte.« Ich war ganz starr, denn er hatte drei Jahre nichts von sich hören lassen, außer daß er mich kurz nach Annemaries Hochzeit schriftlich gebeten hatte, ihm ein Ex libris zu machen, was ich auch tat. Es wurde bei Herbert Jäckel im Steindruck hergestellt. Martin kam nach seiner Doktorprüfung in einem Lebensmittellabor in Plauen unter. Er verdiente damals noch sehr wenig, brauchte aber wenigstens seinen Eltern nicht mehr auf der Tasche zu liegen. Für das Ex libris schickte er mir kleine Deckchen aus Plauener Spitzen, die dort mechanisch hergestellt wurden.

Meine große Liebe

Martin verdiente erst besser, als er bei Siemens in Berlin in der Abteilung für Elektrochemie unterkam. Er hatte wahrscheinlich so lange geschwiegen, weil er noch keine Frau ernähren konnte.
Er war meine stille Liebe auf den ersten Blick, aber ich hatte mich damit abgefunden, von ihm vergessen worden zu sein. Ich konnte mich zunächst gar nicht recht freuen. Wir hatten 1923 durch Inflation und Entbehrungen zuviel durchgemacht. Wir feierten unsere Verlobung in aller Stille, aber in Worpswede war es doch durchgedrungen, und manch einer gratulierte mir auf der Straße. Als wir bei Frau am Ende einen Besuch machten, meinte sie, sie habe noch nie ein so korrektes Brautpaar kennengelernt. Dieses Lob schmeichelte mir besonders, denn die Verbindung zwischen meinen Eltern und Frau am Ende war bis zuletzt sehr herzlich. Mein Vater hatte Vorleseabende ins Leben gerufen, die abwechselnd bei Frau am Ende, bei der ersten Frau Schiestl und bei uns stattfanden.
Mit Mieke Vogeler verband mich eine enge Freundschaft solange ich in Worpswede lebte. In der kurzen Zeit unserer Verlobung besuchten wir sie. Mieke hatte schöne Steine, und Martin kaufte von ihr zwei Türkise, Türkis matrix, durchzogen mit dem Muttergestein Eisen. Wir ließen uns daraus unsere Trauringe machen, die von ihr entworfen worden waren. So hatte ich ein dauerndes Andenken an die mir unvergeßliche Mieke Vogeler. Nach einem Vierteljahr, Ostern 1924, war unsere Hochzeit, die nur in kleinem Stil gefeiert werden konnte. Einige Tage vorher fand die Feier des Jungfernkranzes, veranstaltet von meinen Bremer Freundinnen, im Hause von Paula Vollmer an der Schwachhauser Heerstraße statt. Das Jugendstilhaus steht heute unter Denkmalschutz. Mir wurde ein

Kranz aus wunderschönen Azaleen aufgesetzt. Ein Jahr zuvor war dort der Jungfernkranz von Anita Bredehorst, der hübschesten von uns allen, gefeiert worden. In einer Torte war eine silberne Mandel versteckt, und wer sie bekäme, sagte man, würde im nächsten Jahr Braut. Paula hatte alles so arrangiert, daß ich in meinem Stück den Kern fand. Ich sollte also die nächste Braut werden, was mir damals unwahrscheinlich vorkam. Zu der silbernen Mandel gehörte eine Kapsel in Form des Kerngehäuses als Anhänger, den ich heute noch besitze. Auch meine Trauung fand, sehr zum Kummer meiner Mutter, in der kleinen, alten, katholischen St. Johanniskirche in Bremen statt. Dieses Zugeständnis machte ich meiner Schwiegermutter, die sich als strenggläubige Katholikin überhaupt nicht damit abfinden konnte, daß auch ihr zweiter Sohn eine Protestantin heiratete. Es war für mich ein ergreifendes Gefühl, als der Geistliche die Stola um unsere beiden Hände legte und sagte: »Nun seid vereint, bis daß der Tod Euch scheidet.« Nach sechsundfünfzig Jahren hat uns Martins Tod getrennt.

Allerlei Künstler

Von Worpswede wurden auch einige sonderliche Menschen angezogen, so zum Beispiel Edwin Koenemann. Sein origineller Bau, die »Käseglocke«, hat ihn unsterblich gemacht. Gegen Eintrittsgeld führte er Interessenten hinein. Er hatte eine liebe, reizende Frau und ein hübsches Töchterchen, Marion. Nachdem sich Frau Koenemann von ihm hatte scheiden lassen, mußte sie sich mühsam ihr Brot durch Schneidern verdienen, was sie sehr gut und künstlerisch beherrschte. Sie hat mir mein Brautkleid genäht, das ich noch jahrelang, nachdem ich es habe färben lassen, mit Stolz trug. Edwin Koenemann war auch ein guter Fotograf und Schriftsteller. Er entwarf seine Gamaschen selbst und kleidete sich, wie viele Künstler damals, in Bundhosen. Solange wir Kinder denken konnten, sahen wir unseren Vater immer in Manchesteranzügen mit kurzen Hosen. Erst als er an Ischias litt, mußte er sich zu langen Hosen bequemen, die er natürlich auch bei Feierlichkeiten anzog.

Von den späteren Künstlern muß ich auch noch Albert Schiestl-Arding erwähnen. Schiestl kam aus Bremen zusammen mit seiner Frau und der Tochter Lieselotte, sowie mit Familie Martin Paul Müller und Schwägerin Frau Jäckel, nach dem Ersten Weltkrieg nach Worpswede. Beide Maler und auch Schiestls Frau verdienten sich in Bremen durch »Schwarten zeichnen«, wie sie es nannten, ihren Lebensunterhalt. Sie fertigten nach Fotografien, meistens in Lebensgröße, Zeichnungen an und wurden recht und schlecht dafür bezahlt. Schiestl war sehr oft bei uns und malte auch im Atelier unseres Vaters, von dem ein ausgezeichnetes Porträt jetzt im Besitz meines Bruders ist. Uns heranwachsende Mädchen hatte er sehr gern. Seine erste Frau, auch eine gute Malerin, schenkte mir zur Hochzeit eine schöne Zeichnung, die eine alte

Frau darstellt.
Die Brüder Tobi kamen aus Holland. Heinz Tobi war ein guter Sänger. Er gab einige Konzerte im Barkenhoff, in dem schönen Saal mit dem weißen Flügel. Applaus verbat er sich. Meine Schwester Annemarie und auch mein Vater nahmen Unterricht bei Heinz Tobi, und so war es häufig unser Gast. Ich begleitete meistens auf dem Klavier oder sang, wenn es um Duette ging, die zweite Stimme.
Einer, der auch oft und gern zu uns kam, war Louis Teddy Grünberg, ein amerikanischer Jude. Sein Porträt, von Heinrich Vogeler gemalt, hängt im Archiv im Schluh. Er wohnte in dem Häuschen, das Heinrich Vogeler für seine Mutter gebaut hatte, und das sie im Sommer bezog. Er war Komponist und Pianist und spielte virtuos auf unserem alten Klavier. Manchmal gab er auch Konzerte im Vogelerschen Musiksaal. Grünberg schenkte uns eine Komposition »Papillons«, die für mich aber technisch zu schwer war und schrieb darauf: »sincere with heartly wishes«. Uns machte sein schlechtes Deutsch Spaß. Er hatte oft die komischsten Ideen. Einmal, es war etwa um das Jahr 1912 herum, band er unsere Ziege los und kam mit ihr die Treppe herauf bis in unser Schlafzimmer, wo wir schon in unseren Betten lagen. Das gab ein Hallo!
Ernst Duis kam nach Worpswede als ich wieder zu Hause war. Er wohnte bei Frau Wulff und besuchte uns öfter. Ernst Wulff diente einige Jahre als Berufssoldat, nachdem die Reichswehr wieder erstanden war. Dann verunglückte er bei einer Übung und wurde Invalide. Als Kinder haben wir viel mit seinen Kindern gespielt. Ernst und sein jüngerer Bruder Willy machten später in einem Raum direkt neben der Eingangstür einen Zigaretten- und Süßwarenladen auf, der sich aber nicht lange halten konnte, da die beiden selbst ihre besten Kunden waren. Dort zog nun Ernst Duis ein und nach ihm noch viele andere junge Männer, meistens Künstler. Ich lernte bei ihm Gitarre spielen. Ich besitze noch heute ein Notenblatt, auf dem er

Ein Teil der Familie: Vater und Mutter mit Sohn Gerd

mir die Fingergriffe einzeichnete. Er stammte aus Oldenburg. Durch eine Kriegsverletzung hatte er ein krummes Bein und war verhältnismäßig klein, trug sein seidenweiches, hellblondes Haar auffallend lang und hatte ein schönes Gesicht mit blauen Augen. Wenn er seine Lieder sang mit seiner schönen Stimme und dazu virtous Laute spielte, vergaß man alles um sich her. Anläßlich eines Schützenfestes im Jahre 1922 saß ich mit meinen drei Freudinnen im Zelt an einem Tisch. Da kam Ernst Duis herein und setzte sich zu uns. Für die schöne Anita fing er gleich Feuer und legte seinen Arm um sie. Zu mir sagte er: »Sie habe ich einmal drei Tage lang geliebt.« Ich war sehr überrascht und überlegte, wann das wohl gewesen sein könnte.

Bei schönem Wetter ging ich häufig auf den Weyerberg, legte mich in die Heide beim Susenberg und schaute in den Himmel. Dabei habe ich Hermann Allmers von Brahms vertonte Verse gesungen:

Ich ruhe still im hohen, grünen Gras
Und sende lange meinen Blick nach oben,
Von Grillen rings umschwirrt ohn' Unterlaß,
Von Himmelsbläue wundersam umwoben.
Und schöne weiße Wolken ziehn dahin
Durchs tiefe Blau, wie schöne stille Träume; –
Mir ist, als ob ich längst gestorben bin
Und ziehe selig mit durch ew'ge Räume.

Lange, nachdem ich Worpswede verlassen hatte und schon in München wohnte, gab dort Ernst Duis einmal ein Konzert in der Tonhalle. In der Pause gingen mein Mann und ich in das Künstlerzimmer, wo er uns sehr freundlich begüßte und seine sympathische Frau vorstellte. Er war nach Freiburg gezogen und hatte das »collegium musicum« gegründet. Danach habe ich nie wieder von ihm gehört.

Ein anderer Lautenkomponist, der aber zu meiner Zeit

Kaffeeklatsch im Garten.(v.l.n.r.): Mutter Krummacher, Gertrud, Annemarie, Annita Bredehorst, Paula Vollmer, Lisa Harbers, Emmy Meyer

schon längst nicht mehr dem Wandervogel angehörte, war Ernst Licht. Ich lernte ihn erst kennen, als er nach Worpswede zog. Den Ernst-Licht-Weg gibt es heute noch, weil dort sein Haus steht. Er mochte wohl vierzig Jahre alt gewesen sein, als ich ihn kennenlernt. Als Beamter bei den Bremer Städtischen Werken fuhr er jeden Tag in die Stadt, wobei er öfter Leute mitnahm. Ende 1924, als ich in Worpswede war, habe ich diese Gelegenheit auch ein paar Mal genutzt. Das ging viel schneller und direkter als mit der Kleinbahn erst nach Osterholz und dann mit dem Personenzug, der von Bremerhaven kam, nach Bremen zu fahren. Er hatte eine kleine Sparbüchse über dem Schaltbrett stehen, in die man eine Mark hineinwerfen mußte.

Auch Ernst Licht hat den »Kleinen Rosengarten« von

Hermann Löns vertont. Das schönste Lied von Ernst Licht war:

Alle Birken grünen in Moor und Heid,
Jeder Brambusch leuchtet wie Gold,
Alle Heidlerchen dudeln vor Fröhlichkeit,
Jeder Birkhahn kullert und tollt.

Meine Augen, die gehen wohl hin und her
Auf dem schwarzen, weißflockigen Moor,
Auf dem braunen, grünschäumenden Heidemeer
Und schweben zum Himmel empor.

Zum Blauhimmel hin, wo ein Wölkchen zieht
Wie ein Wollgrasflöckchen so leicht,
Und mein Herz, es singt ein leises Lied,
Das auf zum Himmel steigt.

Ein leises Lied, ein stilles Lied,
Ein Lied so fein und lind,
Wie ein Wölkchen, das über die Bläue zieht,
Wie ein Wollgrasflöckchen im Wind.

Wir kannten die Lieder von Ernst Licht, den die älteren Wandervögel in Verballhornung seines Namens »Ernst Stummel« nannten, schon bevor er nach Worpswede zog. Einer, der zwar nicht den Künstlern zuzurechnen war, aber doch viel mit ihnen verkehrte, war Leberecht Migge. Er wohnt in der Nähe des Barkenhoffs, wo sich nach dem Ersten Weltkrieg inzwischen allerhand Künstler angesiedelt hatten, zum Beispiel Frau von Garvers, Hans Saebens und Ilse Hahn, die spätere Frau Störmer. Die Bekanntschaft mit Professor Alwin Seifert machten wir durch Erna Kück, die Schwester von »Stuhl-Kück« am Bahnhof. Sie hatte bei Max Karl Schwarz als Gärtnerin gelernt und war durch seine Empfehlung zu Professor Seifert nach München gekommen, wo sie später auch im

Altersbild des Vaters, Karl Krummacher

Botanischen Garten tätig gewesen ist.
Die Slotschün wurde als »Vereinshaus« von den Künstlern benutzt, nachdem diese sie gemeinsam hergerichtet hatten. Mein Vater stiftete den alten Tisch, der auf den »Kartenspielern« zu sehen ist. Leberecht Migge verkehrte wohl auch an diesem Stammtisch. Walter Müller, der inzwischen schon eine Zeitlang in Worpswede ansässig war und Bettina Vogeler geheiratet hatte, dichtete:
Von einer Jungfrau sanft beschienen,
wächst hier das Korn gleich mit Rosinen.
Ja, damals tat sich allerhand in Worpswede. Ich habe manchmal das Gefühl, als ob die in den letzten Jahren zugezogenen Künstler auch genauso gut woanders Kunstwerke geschaffen haben könnten als dort. Aber Worpswede, das Weltdorf, ist »in«, wie man heute sagt.